Rudolph Weigel

Kupferstich -Sammlung eines Utrechter Kunstfreundes

Rudolph Weigel

Kupferstich -Sammlung eines Utrechter Kunstfreundes

ISBN/EAN: 9783743608542

Hergestellt in Europa, USA, Kanada, Australien, Japan

Cover: Foto ©Thomas Meinert / pixelio.de

Manufactured and distributed by brebook publishing software
(www.brebook.com)

Rudolph Weigel

Kupferstich -Sammlung eines Utrechter Kunstfreundes

Catalog

der gewählten

Kupferstich - Sammlung

eines

Utrechter Kunstfreundes

darunter

eine schöne Portraitsammlung von Aerzten etc. etc.

welche

Montag, den 13. Juni 1870

und folgende Tage

zu Leipzig

IN MEINEM AUCTIONS-LOCAL, ROSS-STRASSE NO. 10,

durch

Herrn Raths-Proclamator Engel

öffentlich versteigert wird.

RUDOLPH WEIGEL'S KUNSTHANDLUNG

Dr. A. ANDRESEN.

Leipzig, 1870.

Die gewählte Kupferstichsammlung eines Utrechter Kunstfreundes.

In vier Abtheilungen. — Die Wahl der Blätter wie die Sauberkeit und Schönheit der Exemplare verleihen dieser Sammlung, die besonders reich an charakteristischen Arbeiten der Maler-Radirer ist, ein eigenthümlich anziehendes Gepräge. Mit feinem Geschmack und Verständniss gewählt. erfreut sie das Auge des Beschauers in ungewöhnlicher Weise.

Die Trennung in vier Abtheilungen ist nur durch zufällige äussere Ursachen früherer und späterer Einsendung der Blätter veranlasst worden.

Dr. A. Andresen.

Erste Abtheilung.

Das Werk des Ph. Wouwerman.

Ein schönes Exemplar von seltener Vollständigkeit und grossem Reichthum, fast alle Blätter in guten alten Abdrücken und mit Rand. — Nr. 1—91 umfassen das Werk „Oeuvres de Ph. Wouwerman gravées d'après ses meilleurs Tableaux par J. Moyreau 1737." Auf dieses Werk, in welchem die Nr. 25, 79 und 83 leider fehlen, werden auch Gesammtgebote entgegengenommen.

1. Das zuvor genannte Titelblatt des Werkes. Reiche Cartouche. J. Moyreau sc. gr. qu. fol.
2. Das Portrait des Meisters, Kniestück. C. Visscher del. N. Dupuis sc. fol.
3. Retour de chasse et curée. J. Moyreau sc. qu. fol. Schöner Druck.

1

2

4. Depart pour la chasse au vol. Idem sc. qu. fol. Ebenso
Die Nummer ausgekratzt.
5. La chasse aux canards. Idem sc. fol. Vorzüglicher
Druck vor der Nummer. Selten.
6. La marchande de marée. Idem sc. f. Guter alter Druck.
7. Grande chasse a l'oiseau. Idem sc. gr. qu. fol. Guter
Druck. Mit wenig Rand.
8. L'abreuvoir. Idem. sc. qu. fol. Schöner und seltener
Druck vor der Nummer.
9. Le passage de l'eau. Idem sc. qu. fol. Geglättet.
10. Course de la bague. Idem sc. qu. fol. Schöner Druck.
11. Les marchands de chevaux. Idem sc. fol. Ebenso.
12. La buvette des chasseurs. Idem sc. qu. fol.
13. Le cabaret. Idem sc. kl. qu. fol. Etwas grau.
14. La fontaine des chasseurs. Idem sc. kl. q. f. Guter Druck.
15. La petite chasse au cerf. Idem sc. q. f. Schöner Druck.
16. La cascade. Idem sc. qu. fol. Guter Druck.
17. L'ecurie. Idem sc. qu. fol. Ebenso.
18. Fête et adieux des Chasseurs. Idem sc. q. f. Verschnitten.
19. L'arrivée des chasseurs. Idem sc. qu. fol. Alter Druck,
aber schon grau und ohne Rand.
20. Dasselbe in schönerem Druck, aber verschnitten und
wenig fleckig.
21. Le grand marché aux chevaux. Idem sc. gr. qu. fol. Ein
Hauptblatt. Fast ohne Plattenrand und rechts ein
Wasserfleck.
22. Quartier general de l'armée hollandaise. Idem sc. gr. qu. fol.
Fast ohne Plattenrand, rechts ein schwacher Wasserfleck
und kleiner Riss.
23. Grande chasse au cerf. Idem sc. gr. qu. fol. Hauptblatt
in schönem Druck.
24. La boutique du marechal. Idem sc. q. f. Schöner Druck.
25. La fontaine de Bacchus. Idem sc. qu. fol. Ebenso.
26. Depart pour la chasse aux chiens couchans. Idem sc.
qu. fol. Ebenso.
27. Guerre des Huguenots. Idem sc. qu. f. Vorzüglicher
Druck.
28. Le Colombier du marechal. Idem sc. q. f. Schöner Druck
29. Les baigneuses. Idem sc. qu. fol.
30. Quartier de rafraichissement. Idem sc. q. f. Guter Druck
31. Prédication de S. Jean Baptiste. Idem sc. q. f. Ebenso
32. La chasse aux eperuriers. Idem sc. qu. fol. Alter Druck
aber etwas grau.
33. Le present du chasseur. Idem sc. qu. fol. Guter Druck
Ohne Plattenrand.

34. La conduite des dames pour la chasse. Idem se. qu. fol. Ebenso und wenig fleckig.
35. La petite foire aux chevaux. Idem se. q. f. Guter Druck.
37. L'ecurie hollandoise. Idem se. qu. fol.
38. Le vin de l'etrier. Idem se. qu. fol. Ohne Plattenrand, mit kleinen Rissen und einer kleinen Reibung.
39. L'hyver. Idem se. qu. fol. Späterer Druck.
40. Les maquignons à la foire. Idem se. gr.q.f. Guter Druck.
41. Petite chasse a l'oiseau. Idem se. q. f. Schöner Druck. Etwas stockfleckig.
42. Pillage des reitres. Idem se. qu. fol. Guter Druck.
43. La famille de marechal. Idem se. q. f. Schöner Druck.
44. L'abreuvoir des chasseurs. Idem se. qu. fol.
45. Le marchand de foin. Idem se. qu. fol. Ohne Plattenrand und im Schriftrand ein Wasserfleck.
46. L'acadèmie du manège. Idem se. q. f. Sehr schöner Druck.
47. Le defilé d'equipages. Idem se. gr. q. f. Guter Druck.
48. Gardes de cavallerie. Idem p. q. f. Sehr schöner Druck.
49. Le marchand de mithridate (der Quacksalber). Idem se. qu. fol. Schöner Druck.
50. Le petit pont de bois. Idem se. fol. Guter Druck.
51. L'embrassement du moulin. Idem se. q. f. Guter Druck, aber bis zum Stich beschnitten und an der Luft ein Fleck.
52. La defaite des sarazins. Idem se. q. f. Schöner Druck.
53. Les chasseurs sortant de la forest. Idem se. fol. Guter Druck dieses schönen Blattes, aber ohne Plattenrand.
54. Le bouton des chasseurs. Idem se. qu. fol. Trefflicher Druck.
55. Les bohémiens. Idem se. qu. fol. Schöner Druck.
56. Le travail du marechal. Idem se. qu. fol. Vorzüglicher Druck.
57. La chaumière. Idem se. gr. fol. Ohne Plattenrand. brüchig und fleckig.
58. La diligence hollandaise. Idem se. qu. fol.
59. Dasselbe. Späterer Druck.
60. L'accident du chasseur. Idem se. qu. fol. Neuerer Druck.
61. La fontaine de Neptune. Idem se. q. f. Vorzüglicher Druck.
62. Le port au foin. Idem se. qu. fol. Später Druck.
63. La grotte du marechal. Idem se. gr. f. Guter Druck.
64. Les marchands forains. Idem se. q. f. Schöner Druck.
65. La baraque du pêcheur. Idem se. q. f. Guter Druck.
66. L'abreuvoir hollandois. Idem se. qu. fol.
67. La buvette des dames. Idem se. q. f. Schöner Druck, wenn schon nicht ganz alt.

68. La fontaine du Triton. Idem sc. q. f. Schöner Druck.
69. La fontaine de Venus. Idem sc. q. f. Ebenfalls schön und sehr kräftig.
70. La charité des capucins. Idem sc. q. f. Schöner Druck.
71. Le conseil des chasseurs. Idem sc. qu. fol.
72. Recreation militaire. Idem sc. qu. fol.
73. Marche d'armée. Idem sc. qu. fol. Sehr kräftiger Druck.
74. Cavaliers du manège. Idem sc. qu. fol. Guter Druck.
75. Occupations champêtres. Idem sc. q. f. Schöner Druck.
76. Part du mêr. Idem sc. q. f. Sehr kräftiger Druck. Am Rand ein schwacher Wasserfleck.
77. L'ecurie de la poste. Idem sc. qu. fol. Oben im Rand etwas fleckig.
78. La fontaine du Dauphin. Idem sc. gr. f. Guter Druck.
79. La buvette des cavaliers. Idem sc. gr. fol.
80. Les bucherons. Idem sc. gr. qu. fol.
81. Le quartier des vivandiers. Idem sc. qu. fol.
82. Le depart des cavaliers. Idem sc. q. f. Schöner Druck.
83. Depart pour la chasse à l'oiseau. Idem sc. gr. qu. fol. Hauptblatt in gutem Druck.
84. La grotte de l'abreuvoir. Idem sc. gr. f. Guter Druck.
85. L'ecuyer du manege. Idem sc. q. f. Schöner Druck.
86. Petite meute de chiens. Idem sc. qu. fol.
87. Petite partie de chasse. Idem sc. q. f. Ohne Plattenrand.
88. Delassement de troupes. Idem sc. qu. fol. Guter Druck. Ohne Nachtheil gewaschen.
89. L'ecurie flamande. Idem sc. q. f. Die Nummer ausgekratzt.
90. Devalisement d'equipage. Idem sc. qu. fol. Bis nahe dem Stiche beschnitten.
91. 4 Bl. La marchande de canards. Idem sc. Nebst 3 Bl. von den vorigen. qu. fol. Beschädigt.
92. Garde avancée de hulans. J. Aliamet sc. qu. fol. Sehr schöner Druck. Ohne Plattenrand.
93. 4 Bl. Die Reiter bei den Marketenderzelten. J. de Visscher sc. qu. fol. Gemischte Abdrücke, 2 Bl. sehr schön. 2 Bl. scharf beschnitten.
94. Der Waarentransport am Ufer des Flusses. J. Danckerts sc. qu. fol. Schöner alter Druck. Ohne Plattenrand.
95. Die Reitschule. D. Danckerts sc. q. f. III. Druck mit J. Danckerts' Adresse. Ohne Plattenrand.
96. 5 Bl. Reiter bei Marketenderzelten und die Reitbahn. F de Widt exc. kl. qu. fol. 2 Bl. doppelt mit Valk's Adresse.
97. 2 Bl. Die Reiter im Fluss. R. Vinkeles sc. kl. qu. fol Doppelt, vor der Schrift und Aetzdruck.

98. Retard de chasse. Gall. Brühl. A. Tischler sc. qu. fol.
Ohne Rand.
99. Les voyageurs. Pelletier sc. qu. fol. Ohne Plattenrand.
100. 8 Bl. Diverse Compositionen nach Bildern des Cabinets
Choiseul und le Brun. Dunker, Weisbrod u. A. sc. 4.
Gute Abdrücke.
101. Die Hirschjagd. Dunker u. Daudet sc. Cabinet Choiseul.
kl. qu. fol. Ebenso.
102. 2 Bl. Die Waarenausladung am Fluss. Die Reitschule.
J. Groenendyk sc. 1780/81. qu. 4. Selten.
103. Der Reiter mit dem widerstrebenden Handpferd auf dem
Ufer des Flusses. Idem sc. 1781. kl. fol. Selten.
104. Die ruhende Bauernfamilie. Idem sc. kl. fol. Vor aller
Schrift. Ohne Plattenrand.
105. Das stallende Pferd im Stall. N. Verkolje sc. Schwarzkunst. fol. Selten.
106. Der Reiter bei dem stallenden Pferd. J. J. Bylaert sc.
Schön in Kreidemanier gestochen. qu. 4.
107. Die Vorbereitungen zum Spazierritt. W. v. Kobell sc.
Aquat. qu. 8.
108. Les relais flamands. M. J. Ozanne sc. qu. f. Schöner
Druck.
109. La ferme flamande. Idem sc. qu. fol.
111. Les chevaux en repos. A. Bartsch sc. q. f. Alter Druck.
112. Der Reiter auf dem stallenden Pferd. W. v. Kobell sc.
Aquat. 8.
113. 2 Bl. Les vivandiers und die Marketenderzelte. G. Texier
und le Bas sc. gr. 4. Schöne Drucke. 1 Blatt vor
aller Schrift und dem Wappen.
114. 10 Bl. Folge von Landschaften mit Reitern etc. J. Wachs-
muth sc. Copien nach Moyreau. kl. qu. fol. 1 Blatt beschnitten.
115. Ausritt zur Vogeljagd. R. Muys sc. 1761. kl. qu. fol.
116. La moisson. A. Laurent sc. q. f. Sehr schöner Druck.
117. Depart de chasse. J. Ph. le Bas sc. gr. qu. fol. Ein
Hauptblatt. Ohne Rand und wenig stockfleckig.
118. La grande bataille, nach dem Bild im Haag. C. C. A. Last
lith. qu. fol. Chines. Papier.
119. Le parc aux cerfs. P. F. Martenasie sc. kl. fol.
120. Attaque des troupes légères. Martini und le Bas sc.
qu. fol. Ohne Plattenrand und oben in der Ecke faltig.
121. La chasse à l'Italienne. J. Ph. le Bas sc. gr. qu. fol.
Schöner Druck. Oben in der Ecke eine kleine Reibung.
122. Halte d'officiers. Idem sc. gr. f. Sehr schöner Druck.
Hauptblatt.

123. Le pot au lait. Idem sc. gr. q. f. Neuerer Druck. Ein Riss unterlegt.
124. Halte de Cavallerie. Idem sc. q. f. Sehr schöner Druck.
125. Les sangliers forcés. Idem sc. gr. q. f. Hauptblatt in gutem Druck. Ganz leicht gebräunt.
126. Dasselbe schöne Blatt in tadelfreiem reinen Druck.
127. 2 Bl. La soirée d'été. La matinée du printemps. Idem sc. qu. fol. Schöne Drucke. Ohne Plattenrand.
128. Landschaft mit Fluss und Reitern. Cabinet le Brun. Idem sc. 4.
129. Le repos. P. F. Beaumont sc. qu. fol. Schöner Druck. Ohne Plattenrand.
130. Reste d'armée décampée. Idem sc. q. f. Schöner Druck.
131. Les nageurs. Idem se. qu. fol. Ebenso.
132. Le voyageur altéré. Idem sc. fol. Ebenso. An der Luft ein schwacher brauner Fleck.
133. Le maréchal en exercise. Idem sc. qu. fol. Ohne Plattenrand und etwas fleckig.
134. Defilée de cavallerie. Idem sc. q. f. Schöner Druck.
135. Course de bague flamande. Idem sc. qu. fol. Eingerahmt gewesen.
136. La pêche. Idem se. qu. fol. Schöner Druck.
137. Dasselbe. Mit kleinem schwachen Fleck.
138. L'aparition de l'ange aux bergers. Idem sc. gr. fol. Schöner Druck.
139. Dasselbe. Wenig fleckig.
140. Halte flamande. Idem sc. gr. q. f. Sehr schöner Druck.
141. Vue de Hollande. C. N. Cochin sc. qu. fol.
142. Accident de voyage. Idem sc. qu. fol. Ohne Rand.
143. Entrée d'abreuvoir. Idem sc. q. f. Schöner Druck.
144. Pont (Ponte molle). Flussufer mit reicher Staffage. Chedel sc. gr. qu. fol.
145. Chemin dans l'eau. Idem sc. gr. q. f. Guter Druck.
146. Dasselbe. Um das Bild eine Bordüre mit Bleistift gezogen.
147. Voleurs de grands chemins. Idem sc. kl. f. Schöner Druck.
148. Garde avancée de hulans. J. Aliamet sc. qu. fol. Ohne Plattenrand.
149. Halte espagnol. Idem sc. qu. fol. Ebenso. An der Luf, einige Wurmlöcher und zwei Falten.
150. Dasselbe. Neuerer Probedruck.
151. La forest dangereuse. C. E. Cousinet sc. qu. fol.
152. Les travaux champétres. Eadem sc. qu. fol.
153. Cabaretier des chasseurs. C. F. Boëtius sc. kl. fol.
154. Le maréchal de campagne. P. Duret sc. qu. fol.

155. Le manège ambulant. J. Varin sc. qu. fol. An der Luft einige schwache braune Flecke.
156. Postre près d'Anvers. J. Mathieu sc. kl. q. f. Ohne Plattenrand und etwas grau.
157. La blanchisseuse flamande. J. le Veau sc. Späterer Druck.
158. The death of the stag. A. Lawrence und Th. Major sc. gr. qu. fol. Hauptblatt in schönem Druck. Ohne Plattenrand und im Schriftrand schwach gebräunt.
159. Chasse marée allemande. Patas sc. q. f. Schöner Druck.
160. La Famille du bucheron. P. A. Aveline sc. gr. qu. fol. Schöner Druck.
161. Le repos de voyageurs. P. E. Moitte sc. qu. fol. Guter Druck. Ohne Plattenrand.
162. Les dames allant à la chasse. B. Pelletier sc. qu. fol Neuerer Druck.
163. Enlévement d'un convoy. F. Ravenet sc. gr. qu. fol. Guter Druck.
164. Cavaliers en maraude. F. Basan sc. qu. fol.
165. Dasselbe. Etwas wasserfleckig.
166. La petite fermière. P. Martenasie sc. kl. f. Hübsches Blatt.
167. Rückkehr vom Felde. Unbezeichneter Stich vor aller Schrift. qu. fol. Vorzüglicher Druck.
168. 16 Bl. Diverse Kupferstiche nach Wouwerman, von verschiedenen Stechern. Beschnitten oder fleckig.

Zweite Abtheilung.

P. Aeneae.
169. Nic. Blancardus, Arzt. Brustbild. Schwarzkunst. f. A. 4.*) Selten.

J. S. Agar.
170. Sir Astley Cooper, Leibarzt. Halbfig. A. Wivell del. f. Schön punktirt. Hauptblatt des Stechers in schönem Druck auf chines. Papier.

J. Alais.
171. Sir Astley Cooper (der Vorige). Brustbild. J. W. Rubidge del. Punkt. f. Schöner Druck vor der Schrift d. h. mit Nadelschrift, chines. Papier.

H. Aldegrever.
172. Lot geht aus Sodom. 8. B. 16.
173. Die Rechtfertigung der Susanna. 8. B. 32.

---

*) Handbuch für Kupferstichsammler. Auf Grundlage von Heller's Handbuch neu bearbeitet von Dr. A. Andresen. 1. Band. 1. Hälfte. A.—E. Leipzig. T. O, Weigel 1870.

175. 2 Bl. Die Evangelisten Lucas und Johannes, nach G. Pencz. 8. B. 59. 60. Schöne alte Drucke.
176. Die mit Bären kämpfenden Kinder. Fries. q. f. B. 262· Schöner Druck und selten.

J. Almeloveen.

177. Pabst Clemens X. und Gisb. Voetius, einander umarmend. 4. B. 37. Schöner Druck dieses äusserst seltenen Blattes.

F. Anderloni.

178. Die heilige Familie. N. Poussin p. roy. f. A. 1. Hauptblatt in schönem Druck, nur mit den Namen der Künstler und Autoren.
179. Die Madonna Bridgewater. Raphael p. f. A. 2. Schöne und seltene Prova d'artista vor aller Schrift. Oben im Rand ein Riss unterlegt.

F. F. Aquila.

180. Die heilige Familie, Joseph hobelt. A. Correggio p. fol. Schöner Druck.

P. Aquila.

181. Die Flucht nach Aegypten. gr. fol. In der Luft zwei kleine Wurmlöcher.

J. M. Ardell.

182. Rembrandt's Mutter, in einem Buche lesend. Rembrandt p. Schwarzkunst, wie die Folg. f. A. 8. Sehr schöner Druck.
183. Rubens mit Frau und Kind. P. P. Rubens p. gr. fol. A. 10. Hauptblatt in prächtigem vollendeten Probedruck vor aller Schrift. Der Schriftrand noch nicht polirt.
184. Stephen Hales. Brustbild. Th. Hudson p. f. Schöner Druck. Ohne Rand.

R. Audenaerde.

185. Christus am Oelberg. C. Maratti p. gr. qu. fol. A. 2. Hauptblatt in gutem alten II. Druck mit Frey's Adresse.

G. Audran.

186. Das Urtheil des Salomon. A. Coypel p. gr. qu. fol. R.-D. 6. Capitalblatt in sehr schönem Druck. Ohne Plattenrand.
187. Die Pest auf Aegina. P. Mignard p. q. roy. f. R.-D. 53. Capitalblatt in sehr schönem I. Druck vor Veränderung der Schrift.

B. Audran d..

188. Die Abnehmung Christi vom Kreuz. C. le Brun p. roy. fol. A. 7. Hauptblatt in prächtigem Druck von grösster Kraft.

B. Audran (II.).

189. Lot geht mit seinen Töchtern aus Sodom. Paul Veronese p.
qu. fol. A. 1. Guter alter Druck.

P. van Avont.

190. 2 Bl. Aer. Ignis. Luft, Feuer (Kinder). Rad. 8. Selten.

Meister B. mit dem Würfel.

191. Cybele in ihrem Wagen, nach Giul. Romano. f. B. 18.
Alter und seltener II. Druck mit A. Lafreri's
Adresse, aber vor der Retouche.
192. Scipio's Sieg über Syphax, nach der Antike. q. f. B. 73.
Schöner Druck vor der Inschrift.

Theod. Babeur.

193. Die Grablegung Christi, in M. A. da Caravaggio's Geschmack. Radirt. f. A. 1. Das einzige Blatt des Meisters
und sehr selten.

W. Baillie.

194. Die heilige Familie. B. Schidone p. Schwarzkunst. fol.
A. 2. Schöner Druck.
195. Der Federschneider. Nachtstück. G. Dow p. Schwarzkunst. f. A. 9. Aus Börner's Sammlung.
196. Das Bordell mit dem Geiger und Lautenspieler. J. Mo-
lenaer p. Schwarzkunst. f. A. 12. Schöner klarer
Druck.

P. de Bailliu.

197. Ant. Bourbon, Comes, Moretanus. A. van Dyck p. fol.
A. 11. Sehr schöner I. Druck. Scharf beschnitten.
198. Dasselbe. II. Druck. Die Adresse gelöscht.

H. Baldung Grien.

199. Die Abnehmung Christi vom Kreuz. Holzschnitt, wie die
Folgenden. f. B. 5. Aelterer Druck. Selten.
200. Christus mit den Marterwerkzeugen. fol. B. 42.
201. Die Pferde im Walde. qu. fol. B. 58. Von der wurm-
stichigen Platte.

J. Balechou.

202. St. Genoveva, Schutzpatronin von Paris. C. Vanloo p.
gr. f. A. 1. Hauptblatt. Guter später Druck mit
der Retouche.
203. J. de Julienne, das Portrait Watteau's haltend. F. de Troy p.
gr. fol. A. 9. Schöner Druck.
204. J. L. Petit, Chirurg. Brustbild. Vigé p. 4. Schöner
Druck vor Löschung der Adresse des Odieuvre.

J. B. Barbé.

205. Die heilige Familie. Maria küsst das Kind. P. P. Rubens p.
4. A. 1, wo fälschlich durch Druckfehler Johannes statt
Joseph steht.

A. F. Bargas.

206. Der Marktplatz, mit vielen Figuren. P. Bout inv. Rad. qu. fol. A. 2. Selten. Im Unterrand beschnitten, so dass die Schrift fehlt.

F. Barlow.

207. 6 Bl. Gänse, Schwäne und anderes Geflügel. Radirt. 4. Schöne und seltene Drucke vor den Nummern, mit vollem Papierrand.

J. Baron.

208. Die Pest zu Asdod. N. Poussin p. gr. qu. fol. A. 2. Guter Druck vor der Nummer. Ohne Plattenrand.

Seb. Barras.

209. Laz. Maharkyzus, Arzt zu Antwerpen. A. van Dyck p. Schwarzkunst. f. R.-D. 34. Schön und selten.

F. Bartolozzi.

210. Die Beschneidung des Jesuskindes. F. Guerino p. gr. f. A. 5. Ein Hauptblatt in trefflichem Druck.

211. 12 Bl. Die Monate des Jahres; Landschaften mit entsprechender Staffage. G. Zocchi inv. q. f. Ohne Plattenrand, 1 Blatt auch ohne Schriftrand und 2 Blätter etwas ölfleckig.

212. John Ash, Arzt. Ganze Figur am Schreibtisch. J. Reynolds p. Punkt. gr. fol. Vorzüglicher Druck mit Nadelschrift.

G. Bartolozzi.

213. Rich. Warren, Arzt. Brustbild. G. Stuart p. gr. f. Schön punktirt mit Nadelschrift.

A. Bartsch.

214. Die Darstellung im Tempel. C. W. E. Dietrich p. q. f. A. 1. Prächtiger Abdruck vor der Schrift.

H. Bary.

215. Ruardus Tapper. Brustbild. 4. Schöner Druck. Mit einer Druckfalte am Arm.

216. W. de Groot. Brustbild. A. Hanneman p. 4. Neuere Druck.

J. Ph. le Bas.

217. La Fiancée normande. Le Nain p. gr. qu. fol. Schöner Druck.

218. Vue des environs des Bruges. J. Brenghel p. qu. fol Alter Druck.

219. Environs de Gueldres. Flusslandschaft mit Flössern. J. Ruysdael p. gr. qu. fol. Schöner Druck.

F. Basan.

220. Petite village près Amstredam. Winterlandschaft. A. van der Neer p. kl. qu. fol. Alter Druck.

22. 2 Bl. Retour de campagne. L'utile accident. Landschaften mit Reiterstaffage. C. van Falens p. gr. qu. fol. 1 Blatt wenig fleckig.

J. Basire.
23. Alex. Monro, Arzt. Brustbild. A. Ramsay p. kl. f. Guter Druck.

A. F. Baudouins.
24. 2 Bl. Waldige Landschaft mit Fluss, und Landstrasse. A. van der Meulen inv. Radirt. q. f. Schöner alter Druck.
25. 2 Bl. Landschaften mit Rückkehr von der Jagd, und Postwagen. Idem inv. Radirt. gr. q. f. Ebenso, 1 Blatt vor den Künstlernamen.

J. F. Bause.
26. A. v. Haller. S. Freudenberger p. f. K. 201.*) Schöner alter Druck wie die folgenden.
27. Dasselbe.
28. I. Kant. V. H. Schnorr del. fol. K. 217. Seltener I. Druck vor den Künstlernamen. Aufgezogen ohne Beschädigung und ganz sauber.
29. Dasselbe. Schöner II. Druck mit den Künstlernamen.
30. G. W. v. Leibnitz. A. Scheits p. fol. K. 204.
31. Carl Wouter Visscher, Pensionar von Holland. J. Schmidt p. gr. fol. K. 214. Ein Hauptblatt des Stechers in schönem Druck.

N. Beatrizet.
32. Der Kampf der Römer gegen die Dacier, nach der Antike. qu. f. R.-D. 97. Guter alter Druck. Mit leichtem Rothsteinfleck.
33. Die Reiterstatue des Marc Aurel in Rom. fol. R.-D. 90. Schöner Druck vor dem Riss in der Platte und vor der Adresse.

J. F. Beauvarlet.
235. Lecture espagnole. C. Vanloo p. gr. fol. A. 13. Ein Hauptblatt.
236. Conversation espagnole. Idem p. gr. f. A. 12. Gegenstück. .

J. Beckett.
237. Christ. Duke of Albemarle. Brustbild. J. Murrey p. Schwarzkunst. Oval. fol. Prächtiger Druck.

C. Bega.
238. Der Bauer mit der Hand im Brustlatz. 8. B. 10.
239. Der Trinker 8. B. 16.
240. Der Bauer mit dem Hut in der Hand. 8. B. 17.

---

*) Katalog des Kupferstichwerkes von J. F. Bause. Von G. Keil Leipzig 1849.

H. S. Beham.

241. 2 Bl. Der verlorene Sohn hütet die Schweine. Abschied des verlorenen Sohnes. qu. 8. B. 31. 33. 1 Blatt etwas unrein von Druck, das andere gut.

242. Der verlorene Sohn hütet die Schafe. qu. 8. B. 35. Leidlicher Druck.

243. 4 Bl. aus den Arbeiten des Herkules. qu. 8. B. 96. 102 106. 7. 3 Bl. sehr schöne Abdrücke, Nr. 107 von den horizontalen Strichen auf der Keule des Philocrates etc.

244. 2 Bl. Der Bauer mit der Mistgabel und sein College. 12 B. 188. 89. Sehr schöne Abdrücke und unzerschnitten auf einem Octavblatt.

245. 2 Bl. Die Geometrie, und Astrologie. 8. B. 124. 127 Schöne Abdrücke.

246. Triumph der edlen sieghaften Weiber. Fries. B. 143 Sehr schöner Druck.

St. della Bella. (Nach ihm.)

247. 6 Bl. Folge von Soldaten, auf dem Zug und im Schanzen dienst. J. Danckerts exc. qu. 8.

J. Bellange.

248. Die Verkündigung Mariä. f. R.-D. 1. Schöner alter Druck.

J. Bemme.

249. 3 Bl. Pferdeköpfe. Radirt. qu. 8.

P. v. Bemmel.

250. 6 Bl. Die Folge der gebirgigen Landschaften. Rad. q. 4 A. 1. Schöne alte Drucke.

P. van den Berghe.

251. Frère Jacq. de Beaulieu, berühmter Operateur. Brustbild Oval. fol. A. 6. Schöner Druck.

252. Derselbe, vor zahlreicher Versammlung den Steinschnit ausführend. fol. Schön und selten.

J. Bernardi.

253. G. B. Paletta, berühmter Arzt, am Tisch sitzend. V. Raggi del. fol. A. 9. Schön gestochenes Blatt auf chines Papier mit offener und nur einer Zeile Schrift.

J. G. Bervic.

254. Education d'Achille. J. B. Regnault p. gr. fol. A. 4 Hauptblatt in schönem alten Druck. Im Schrift rand einige unbedeutende kleine Brüche.

255. Carl Linné, der berühmte Botaniker. A. Roslin p. gr. 4 A. 10.

J. Binck.

256. Die Madonna mit dem Kinde. 8. Wegen Risse aufgezogen

L. Binet.

57. Le vaisseau foudroyé. J. Vernet p. qu. fol. A. 3. Schönes
    Blatt in vorzüglichem Druck vor der Schrift.

E. Blery.

58. Die Wassermühle im Thale. 1842. Radirt. qu. f. Schöner
    Druck auf chines. Papier.
59. Das Gehölz am Fluss. 1844. qu. fol. Ebenso.

F. van Bleyswyck.

60. Jac. Denys, Stadtchirurg zu Leyden. A. Toornvliet del.
    gr. 4. Selten.

C. Bloemaert.

61. 4 Bl. Die Knaben mit der Eule, Katze etc. nach A. Bloe-
    maert. 4. Schöne Drucke.

A. Blooteling.

62. Th. Craanen, Arzt und Prof. J. Toornvliet del. fol.
    Wessely 9. Schöner Druck. Links scharf beschnitten.
63. Ferd. v. Fürstenberg, Bischof v. Paderborn. Th. C. v. Für-
    stenberg p. fol. W. 12. Vorzüglicher Druck.
64. Const. Huygens. C. Netscher p. 4. W. 20. Selten.
65. Th. Sydenham. M. Beale p. gr. 8. W. 42. Schöner
    Druck.
66. Joh. Friedr. Helvetius, Arzt zu Cöthen. 8. Ohne Bezeich-
    nung, aber wie es scheint sicher von Blooteling. Schöner
    Druck.
67. 4 Bl. Die Löwen, nach Rubens. 4. W. 99—102. Copien.
68. Christ. Huygens. Schwarzkunst. fol. W. 25. Seltener
    I. Druck vor den Versen.

J. J. de Boissieu.

269. Die mit Seifenblasen spielenden Kinder. qu. f. Rigal. 25.
    Chines. Papier.
270. Die kleinen Charlatans, bei dem Bogen des Titus. qu. f.
    R. 22. Schöner alter Druck, die obere rechte Ecke
    nicht ausgeführt.
271. Die grossen Charlatans, nach C. Dujardin. qu. f. R. 140.
    Vorzüglicher Druck mit dem Stern, aber noch vor
    Ausführung der Ecken. Selten.
272. Die Mühle des Ruysdael, nach einem Bilde desselben bei
    Mariette. qu. fol. R. 136. Sehr schöner alter Druck.
273. Der Knabe und der Stier im Fluss. J. Ruysdael del. 4.
    R. 138. Vorzüglicher I. Druck noch mit defecter
    Randlinie.
274. Die Bauernhütte hinter dem Hügel. J. Ruysdael p. qu. f.
    R. 137. Schöner Abdruck vor dem Stern. Selten.
275. Die Ruhe der Schnitter. A. van de Velde p. qu. fol.
    R. 139. Schöner alter Druck.

276. Der Arzt Boissieu. Brustbild. 4. R. 101. Schöner alte
Druck.

N. Boldrini.

277. Gefangennehmung des Simson, nach Tizian. Holzschnit
qu. fol. Kräftiger späterer Probedruck.

B. Bolswert.

278. Wilhelm Ludwig, Graf v. Nassau, Kniestück in Rüstun¡
M. Mierevelt p. fol. Ein Hauptblatt in schöne¡
alten Druck.

279. Christus am Kreuz, genannt Christus mit der Lanze. P. I
Rubens p. gr. f. A. 6. Hauptblatt in sehr schöne¡
Druck ohne die Jahreszahl.

S. à Bolswert.

280. Die Familie der heil. Jungfrau. Rubens p. fol. Gra¡
281. Maria mit dem Kinde. Idem p. fol. Später Druck.
282. Der Calvarienberg mit den drei Kreuzen. Idem p. gr.
Schöner alter Druck.
283. Die Bekehrung des Saulus. Idem p. gr. qu. f. Neuer¡
Druck und grau.
284. Die heil. Dreieinigkeit. Rubens p. fol. Schöner alte
Druck. Mit kleinen beriebenen Stellen und wenig flecki¡
285. Diana von der Jagd zurückkehrend. Idem p. qu. fo
Guter Druck.
286. Silen von zwei Satyrn geführt. Idem del. gr. f. Seltene¡
I. Druck vor dem Namen des Stechers, mit Ruben
Adresse, von Basan nicht beschrieben. Mit schwache
braunen Fleck.
287. 6 Bl. aus der Folge der antiken Büsten. Idem del. Vo
Bolswert, Vorsterman u. A. gestochen. fol. Gemischte Al
drücke. Fleckig.

J. Bonasone.

288. Christus heilt den Blindgebornen, nach Perin del Vag
gr. qu. fol. Von einem Meister aus der Schule des Mar
Anton. B. XV. p. 16. Nr. 5. Selten. Sehr schöner alt¡
Druck von grosser Klarheit und Reinheit.
289. Die Geburt und Namengebung Johannes des Täufers, na¡
G. Fiorentino. qu. fol. B. 76. Schöner alter Druc
mit erster Adresse des Lafreri. Die obere link
Ecke restaurirt.
290. Die Flucht der Clelia, nach Polidoro. qu. fol. B. ¡
Vorzüglicher und seltener frühester Druck vo
der Adresse des Lafreri. Die obere rechte Ecke r¡
staurirt.
291. Die Entführung der Europa, nach Raphael. qu. f. B. 10¡
Selten. Schöner alter Druck. Der Rand unterlegt

292. Flora mit ihren Nymphen in einem Garten, nach G. Romano. qu. f. B. 111. Vorzüglicher alter II. Druck mit Lafreri's Adresse.

293. Herkules treibt die Rinder des Geryon fort, nach demselben. qu. fol. B. 110.

294. Die Vestalin Tuccia mit dem Siebe, nach F. Parmeggiano. In Bonasone's Geschmack. qu. f. Schöner alter Druck. Am Gewand eine kleine beriebene Stelle.

H. Bonvoisin.

295. F. J. V. Broussais, Arzt. C. Duchesne p. Vorzüglicher Druck mit Nadelschrift, auf chines. Papier.

A. Bosse.

296. 5 Bl. Die Folge der Sinne. qu. fol. Duplessis 1071—57. Geschätzte Folge in schönen Drucken. Gewaschen und ohne Rand.

297. L'infirmerie de l'Hospital de la charité de Paris. qu. fol. Schöner Druck mit vollem Rand.

S. Bourdon.

298. Die Taufe des Kämmerers. fol. R.-D. 30.

299. Die Landschaft mit dem barmherzigen Samariter. qu. fol. R.-D. 37. Schöner Druck. Rechts wasserfleckig.

N. Branwhite.

300. The medical Society of London. S. Medley p. Sorgfältig punktirtes Portraittableau mit Erklärungsblatt. gr. qu. fol. Schöner Druck.

P. Brebiette.

301. Die heilige Familie. A. del Sarto del. kl. fol. Prächtiger Druck. Die Schrift abgeschnitten.

D. van Breemden.

302. Adr. van de Venne. 8. A. 4. Schön und selten.

P. Breughel.

303. Die Landschaft mit Merkur und Psyche in der Luft. Radirt. qu. fol. A. 1. Schöner I. Druck vor der Adresse des Hondius. An der Luft ein schwacher Fleck und kleines Loch.

P. Bril.

304. Felsige Landschaft mit Gebäuden, Fluss und Figuren. Radirt. qu. fol. Selten, wenn schon späterer Druck.

C. van der Broeck.

305. Maria von Elisabeth begrüsst. fol. Schöner Druck.

J. van Bronkhorst.

306. Jan de Laet. fol. B. 9. Seltener alter I. Druck, vor den Versen, doch bereits in den Schatten etwas fahl.

J. van der Bruggen.

307. Der Meister selbst. N. de Largillière p. Schwarzkunst. fol. A. 5. Schöner Druck.

J. Th. de Bry.

308. Casp. Bauhinus. Aus dessen theatrum anatomicum. 8.
309. Der Soldatenzug, nach J. Amman. Fries. qu. f. A. 15

A. Calame.

310. Le Torrent. roy. fol. A. 1. Originalrad. in vorzüglichem Druck auf chines. Papier.

J. Callot.

311. 11 Bl. Nouveau Testament. Complete Folge. qu. 8 Meaume 37—47. Schöne I. Drucke vor der Schrift 1 Blatt beschnitten.
312. Der grosse Markt zu Florenz. qu. roy. f. M. 624. Haupt blatt, von tadelloser Erhaltung.

P. C. Canot.

313. The tempest. Christus im Schiff. S. de Vlieger p. gr. q. 1 A. 4. Vorzüglicher Druck vor der Schrift.

S. Cantarini.

314. Die Ruhe der heiligen Familie. fol. B. 2. Vor den Namen des G. Reni.
315. St. Benedictus, den Besessenen heilend. L. Carracci in 1 gr. f. B. 27. Vorzüglicher I. Druck vor der Adresse

J. Caraglio.

316. Herkules tödtet Nessus, nach Rosso. kl. fol. B. 4 Schöner Druck.

An. Carracci.

317. Die heilige Familie vom Jahre 1590. kl. qu. fol. B. 1 Schöne alte Copie.

Ag. Carracci.

318. Der kleine Hieronymus, nach F. Vanni. 4. B. 74. Voi züglicher alter Druck.
319. Ul. Aldrovandi. Die Cartouche wie man glaubt vo F. Barocci gestochen. fol. B. 137.

F. W. Caspari.

320. C. van Demmeltradt, Steinchirurg zu Amsterdam. H. V Caspari del. Punktirt. gr. f. Schöner Proefdruc in Farben.

B. Castiglione.

321. Die Auferweckung des Lazarus. qu. fol. B. 6. Seh schöner alter Druck.

Christ. Chalon.

322. 28 Bl. Figuren, einzeln und in Gruppen, aus dem hollä dischen Volksleben. P. de Mare sc. Radirt. 8. qu. 8.

F. Chereau.

323. L. A. de Pardaillon de Gondrin. Kniestück in Rüstung. H. Rigaud p. gr. fol. Ein Hauptblatt in schönem alten Druck. Am Grund zwei kleine braune Flecken.

324. A. H. de Fleury, Cardinal. Idem p. gr. f. Vorzüglicher Druck.

F. Chiari.

325. Mars und Venus. N. Poussin p. Radirt. qu. fol. A. 2. I. Druck vor Rossi's Adresse.

D. Chodowiecki.

326. Wilhelm Tell. qu. fol. Engelmann 384. Sehr schöner Druck, aber am Stichrand beschnitten und unten wenig stockfleckig.

327. Der grosse Calas. qu. fol. E. 48. Zweite Platte mit 1768, bereits grau.

328. 12 Bl. Brandenburgische Kriegsscenen. 8. E. 567. Schöner Druck und unzerschnitten.

Clairobscurs.

329. Die Abnehmung Christi vom Kreuz, nach Raphael, von H. da Carpi. fol. B. 22. Alter Druck, aber um mehre Linien verschnitten.

330. Der Neid aus dem Tempel der Musen verjagt, nach B. Peruzzi. fol. B. 12. Wenig fleckig.

J. de Claussin.

331. Die Bäuerin auf dem Esel. Radirt. f. Schöner Druck auf japanes. Papier.

J. le Clerc.

332. Ruhe auf der Flucht in Egypten. C. Saracino inv. fol. R.-D. 1. Prächtiger I. Druck vor der Adresse, von seltener Schönheit.

S. le Clerc.

333. Das Wunder mit den Broden. kl. qu. fol. A. 3. Guter Druck dieser figurenreichen Composition.

A. Conradus.

335. J. Triglandius, Theolog. Halbfigur. fol. Schöner Druck.

Ch. Corbutt.

336. Will. Romaine, Kniestück. J. Cotes p. Schwarzkunst. fol. Prächtiger Druck.

J. B. Coriolanus.

337. Fort. Licetus, Arzt. Brustbild. Holzschnitt. 4. B. 4. Grau.

G. Courtois.

338. Tobias lässt die Todten begraben. qu. fol. R.-D. 1. Vor der Adresse. Im Schriftrand verschnitten.

J. Courtois.

339. 8 Bl. Die Folge der Kriegsscenen. 4. R.-D. 1—8. Aus Börner's Sammlung. Mit Rand.

H. W. Couwenberg.

340. Mr. Mendes de Léon, échévin de la ville d'Amsterdam. Halbfig. fol. Vorzüglicher Druck vor der Schrift auf chinesischem Papier.

A. Coypel.

341. Die Taufe Christi im Jordan. fol. R.-D. 4. Schöner Druck.

L. Cranach.

342. St. Hieronymus in Busse. Holzschn. f. B. 16. Ein Hauptblatt in schönem Druck. Ein kleiner Riss unmerklich unterlegt und eine Ecke restaurirt.

343. Das Turnier mit Simson und dem Löwen. Holzsch. q. f. B. 126. Guter Druck. Ein Riss unterlegt.

L. Cruyl.

344. Dorf mit Kirche, in Callot's Geschmack. kl. qu. fol.

C. van Dalen.

345. F. Deleboe Sylvius. Halbfig. f. A. 17. Sehr schöner Druck. Im Schriftrand beschn., so dass der Stechername abgeschn., und mit kleinem braunen Fleck daselbst.

346. P. Aretino, nach Tizian. Cabinet de Reynst. f. A. 8. Ohne Schrift und bereits etwas grau.

J. Daullé.

347. Les plaisirs flamands. D. Teniers p. q. roy. f. A. 13. Hauptblatt in vorzüglichem Druck.

348. F. de la Peyronie, Lud. XV. Chirurg, im Lehnsessel. H. Rigaud p. gr. f. A. 29. Schöner alter Druck.

349. Cl. Deshais Gendron, Doct. Med Idem p. gr. f. A. 28. Ebenso.

W. Delff.

350. C. Barlaeus, Arzt. Brustb. in Cartouche. D. Bailly del. kl. fol. Schöner Druck.

351. J. Neander, Arzt von Bremen. Idem del. kl. f. Ebenso.

D. V. Denon.

352. Ein Eber von Hunden verfolgt. F. Snyders del. Rad. qu. fol. A. 9. Vorzüglicher Druck.

M. Desbois.

353. George à Turre. Zu Patin's Buch Lyceum Patavinum wie die Folg. 4. R.-D. 22. Schön u. selten, mit Rand, wie die Folg.

354. A. Pirati. 4. R.-D. 14.

355. Alex. Borromeus. 4. R.-D. 21.

356. C. Patin. 4. R.-D. 34.

357. Herm. Pera. 4. R.-D. 25.

358. A. Montagnana. 4. R.-D. 19.
359. Lud. Saxonia. 4. R.-D. 43.
360. H. Frigimelica Robertus. 4. R.-D. 17.
361. G. Calafatti. 4. R.-D. 40.
362. S. Scarabici. 4. R.-D. 20.
363. P. Scoti. 4. R.-D. 21.
364. A. de Marchetti. 4. R.-D. 31.
365. M. A. Molinetti. 4. R.-D. 42.
366. J. Pighi. 4. R.-D. 33. Etwas grau.

A. Desnoyers.

367. La vierge de la maison d'Albe. Raphael p. gr. f. A. 9.
Hauptblatt in schönem Druck mit dem Stempel.

W. Dickinson.

368. Joh. Banks. Kniest. am Arbeitstisch. J. Reynolds p.
Schwarzk. gr. f. Schöner Druck.

A. J. W. van Dielen.

369. Schlossruine Ter Haar bei Vleuten. 1810. Rad. kl.
qu. f. A. 1.

M. F. Dien.

370. Galiläi im Kerker. J. A. Laurent p. gr. f. A. 8.
Schöner Druck, aber ohne Plattenrand.

C. W. E. Dietrich.

371. Die grosse Krankenheilung, nach dem Motiv von Rembrandt's Hundertguldenblatt. gr. qu. f. Link 21. Schöner
Druck vor der Adresse.
372. Dasselbe. Copie nach dem Aetzdruck, wo die Hand noch fehlt.

D. Diricksen.

373. Hadr. à Minsicht, Arzt, mit allegor. Umgebung. 4. Selten.

J. Dixon.

374. W. Browne, Arzt. Kniest. Hudson p. Schwarzk. f.
Guter Druck.

G. Th. Doo.

375. The preaching of John Fox before the Lords of the con-
gregation in St. Andrews 1559. D. Wilkie p. qu. roy.
fol. A. 9. Modernes Capitalblatt.
376. Cuvier. H. Pickersgill p. f. A. 19. Sehr schöner
Druck mit Nadelschrift, chines. Papier.

P. Drevet.

377. Maria mit dem Kinde in einer Landsch. sitzend. A. Correggio p. gr. f. A. 3. Ein Hauptblatt in schönem
alten Druck. Ohne Beschädigung aufgz. und ohne Rand.
378. Joh. Forest, Maler. Kniest. sitzend. N. de Largillière
p. gr. fol. A. 23. Schöner alter Druck.

379. Desjardins, im Park stehend. Idem p. gr. f. Sehr schöner und seltener Druck vor der Schrift, nur mit den Namen der Künstler. Rechts oben ein Fleck gewaschen.

380. Dasselbe. Gegens. Copie, die Figur als Portrait Königs Friedrich Wilhelm von Preussen genommen.

A. Dürer.

390. Petrus und Johannes den Lahmen heilend. 8. B. 18. Von unübertrefflicher Schönheit u. mit etw. Rand.

391. Der verlorene Sohn. f. B. 28. Schöner Druck. Gewaschen.

392. St. Christoph. 8. B. 52. Schöner Druck. Aus Mariette's Sammlung.

393. Der Fähndrich. 8. B. 87. Schöner Druck. Selten. Etwas fleckig und am Boden eine kleine Reibung.

394. Die Anbetung der Weisen. Holzschn. f. B. 3. Sehr schöner Druck.

395. St. Hieronymus im Zimmer. Holzschn. f. B. 114. Ebenso.

C. Duflos.

396. Der englische Gruss. D. Dominichino p. gr. f. Ein Hauptblatt in vorzüglichem Druck vor Buldet's Adresse. Unbedeutend stockfl.

Cl. Duflos.

397. C. M. le Tellier, Erzbischof. Brustbild. P. Mignard p. gr. fol. Guter Druck. Schwach gebräunt.

C. Dujardin.

398. Das Titelblatt des Werkes. 4. Vor der Schrift. Selten.

K. Dunkarton.

399. Sir James Fearle, Leibarzt. W. Beechey p. Schwarzk. fol. Sehr schöner Druck mit Nadelschrift.

C. Dusart.

401. Der sitzende Bauer mit erhobenem Weinglas in der Hand. Schwarzk. 8. Fehlt B. u. W. Schön und sehr selten.

A. Duttenhofer.

402. Justinus Kerner. Brustbild. fol.

R. Earlom.

403. The singing master. Nachtstück. G. Schalcken p. Schwarzk., wie die Folgenden. gr. fol. Schöner Druck.

404. A herb market. Snyders und Longjan p. Aus der Folge der berühmten Märkte in St. Petersburg. gr. qu. fol. Hauptblatt in schönem Druck.

405. 2 Bl. A Fruit piece. A flower piece. J. van Huysum p. gr. fol. Capitalblätter in sehr schönem und seltenen I. Druck vor der Schrift, nur mit Künstlernamen und Adresse in Nadelschrift.

G. Edelink.

406. Ph. de Champagne, in Landschaft. Se ipse p. gr. fol. R.-D.
164. Hauptblatt.
407. G. Cresc. Fagon, Leibarzt Ludwig's XIV. H. Rigaud p.
fol. R.-D. 200. Guter alter Druck nach Wegnahme
der Verse.
408. Phil. Collot, Chirurg. kl. fol. R.-D. 173.
409. R. Descartes, Philosoph. F. Hals p. kl. fol. R.-D. 181.
Sehr schöner I. Druck vor Chereau's Adresse.
410. S. de Sainte Marthe. kl. fol. R.-D. 309. Schöner
alter Druck.
411. Ch. Gottwald, Physikus zu Danzig. A Stech p. fol.
Selten. Ebenso.
412. R. de Graaf, Arzt. H. Watelet p. 8. R.-D. 219. Selten.
Guter Druck.
413. Cl. Perrault, Arzt und Architekt. Vercelin p. kl. fol.
R.-D. 293. Schöner Druck.

J. Edelink.

414. Casp. Bartholinus, Anatom. 8.

A. Eisenhout.

415. Amor docet musicam. Singende nackte Kinder. qu. 4.

J. Faber.

416. Der Lautenspieler. F. Hals p. Schwarzk. fol. Schönes
Blatt in prächtigem Druck.

S. G. und J. G. Facius.

417. Charles von Linné, Kniest., sitzend. A. Roslin p. fol.
Schön punktirt.

W. Faithorne.

418. Franc. Glissoni Med. Effigies. 4. Schön und selten.
419. G. Harveus. Büste auf einem Sockel. 8. Sehr selten.

J. Falck.

420. Andr. Spigelius, Chirurg. fol. Schöner Druck, mit
Text verso.

O. Farinati.

421. Der Untergang der Aegypter im rothen Meer. P. Farinati inv. gr. qu. fol. B. 1. Schöner I. Druck vor
der Adresse.

C. le Febure.

422. C. Patin. fol. R.-D. 3. Seltener I. Druck vor der
Verkleinerung der Platte.

O. Fialetti.

423. Die Hochzeit zu Cana. gr. qu. fol. B. 2. Guter Druck
nach der Adresse.

E. Ficquet.

424. R. Descartes. F. Hals p. 8. Faucheux 39.

425. J. J. Dortous de Mairan. L. Tocqué p. kl. fol. F. 41.
Schön und selten.

426. G. C. Fagon. H. Rigaud p. 4. F. 56. Nach Odieuvre's Adsse.

427. G. Vavasseur. A. Laurent. p. 4. F. 153. Ebenso.

428. A. Paré. W. p. 4. F. 114. Alter Druck, mit Odieuvre's Adsse.

429. Lanfranc. A. Laurent p. 4. F. 86. Ebenso.

430. J. Bernouilli. J. Huber p. 4. Ebenso.

P. Firens.

431. König Heinrich IV. segnet in zahlreicher Versammlung Kniecnde. qu. fol.

J. Flipart.

432. Notre Seigneur à la piscine. C. W. E. Dietrich p.
qu. roy. fol. Hauptblatt in schönem Druck.

G. Focus.

433. Gebirgige Landschaft mit einem wandernden Paar. Aus
der Folge R.-D. 1—6. Selten.

J. Folkema.

434. Frank van Borselen Graf v. Ostervant. J. Mostaert p.
fol. Schöner Druck.

435. Herzogin Jacoba von Bayern. Idem p. fol. Schöner
und seltener Druck vor aller Schrift.

F. Forster.

436. Alex. v. Humboldt. Brustb. Steuben p. kl. fol. Schöner Druck.

437. La vierge de la maison d'Orleans. Raphael p. fol.
Ein Hauptblatt in trefflichem Druck.

J. C. François.

438. Franc. Quesnay. Fredoti p. gr. fol. Schöner Druck
dieses Blattes in Crayonmanier, für deren Erfinder sich
François ausgab.

B. Franco.

439. Die Sündfluth, nach Polidoro. qu. fol. B. app. 3. Wohl
sicher von Franco. Seltener I. Druck vor der Schrift.

C. Galle.

440. Isaaks Opferung. Rubens p. fol. Aufgezogen und etwas
schmutzig.

441. Christus am Kreuz. A. van Dyck (?) p. gr. fol. Schöner Druck, aber kl. Beschädigungen wegen aufgezogen.

442. Die Himmelskönigin unter einem Portal, Engel hängen
Guirlanden auf. Rubens inv. gr. fol. Hauptblatt in
schönem Druck.

443. 2 Bl. Reich figurirte Titelblätter. Idem inv. fol.

C. Galle jun.

444. G. H. Graf v. Pappenheim. A. v. Dyck p. kl. fol.
I. Druck mit der Adresse von Meyssens.

445. Dass., diese Adresse gelöscht.
446. Engelb. Taie. Idem p. kl. fol. Schöner Druck mit Meyssens' Adresse.

Ph. Galle.
447. Der Tod über die Menschheit triumphirend. kl. qu. fol.

G. Garavaglia.
448. A. Scarpa, Prof. kl. fol. Mit offener Schrift.

Hessel Gerrits.
449. 3 Bl. aus der Folge der Jahreszeiten mit Schlössern bei Harlem. D. Vinkeboons inv. kl. qu. fol.

S. Gessner.
450. 4 Bl. Landschaften mit antiken Gebäuden und mythologischen Figuren. Rad. kl. qu. fol.

G. Ghisi.
451. Die Einsetzung des h. Abendmahles. L. Lombardus inv. gr. qu. fol. B. 6. Schöner I. Druck.

A. Ghisi.
452. Herkules erdrückt den Nemeischen Löwen, nach G. Romano. kl. fol. B. 21. Schöner Druck.

D. Ghisi.
453. Der Tod des Patroklus, nach G. Romano. qu. fol. B. 35. Ein Hauptblatt der Künstlerin in sehr schönem alten Druck. Unbedeutend fleckig.

L. Giordano.
454. Die Ehebrecherin vor Christus. gr. qu. fol. B. 5. II. Druck.

J. Gole.
455. Frater J. de Beaulieu, Steinoperateur. Schwzkst. Oval fol.
456. Joh. Smit. Schwzk. Oval fol. Schöner Druck. Mit leichter Falte.

H. Goltzius.
457. Die heil. Familie im Freien. fol. B. 24. Seltener I. Druck vor der Adresse.
458. Phil. Galle. kl. fol. B. 170. Schön und selten. Ein Rand angesetzt.
459. Hans Bol, Maler. fol. B. 161. Guter Druck. Scharf beschn. und aufgez.
460. St. Hieronymus in Busse. J. Palma inv. gr. fol. B. 266. I. Druck vor Visscher's Adresse. Mit Bleistift quadrirt und im Schriftrand rissig.
461. Die heil. Familie. B. Spranger inv. fol. B. 275. Alter Druck. Fleckig.
462. Der Glaube. Nach Goltzius. C. J. Visscher exc. 4. Schöner Druck.

H. Goudt.

463. Die Morgenröthe. A. Elzheimer p. 4. Schöner Druck, aber gebräunt.

Urse Graf.

464. 2 Bl. Christus am Kreuz. Die Kriegsknechte um seine Kleider würfelnd. Holzschn. fol.

J. Granthomme.

465. Hor. Augenius, Theolog und Arzt. 8. R.-D. 39. Selten.

V. Green.

466. Christus unter den Schriftgelehrten. A. van der Werff p. Schwarzk. roy. fol. Hauptblatt mit Nadelschrift.

467. Carl Theodor, Pfalzgraf von Rhein. Halbfig. P. Battoni p. Schwarzk. gr. fol. Selten.

M. Greuter.

468. A. Piccolomini. Brustb. in Cartouche. 1586. 4.

F. Grimaldi.

469. Die Landschaft mit der Taufe Christi. gr. qu. f. B. 48. Alter Druck. In der Ecke oben eine Restauration.

L. E. Grimm.

470. J. F. Blumenbach, sitzend. Rad., wie die Folg. fol.

471. K. J. M. Langenbeck, stehend. fol. Scharf beschn.

472. K. Himely, im Katheder sitzend. fol.

J. Gronsvelt.

473. 6 Bl. Folge von Landsch., nach A. Verboom. Rad. kl. q. f.

474. 8 Bl. Folge von Landschaften mit Bauernhütten und Ruinen. J. van Goyen del. Rad. 4.

J. de Groot.

475. Herm. Boerhave, Botaniker. Schwarzk. kl. f. Sehr selten.

G. Guarana.

476. Der barmherzige Samariter. Rad. qu. fol.

P. van Gunst.

477. W. Goerée. Brustbild. D. van der Plaes p. fol. Sehr schöner Druck.

A. v. der Haer.

478. 2 Landschaften mit Bauernhütten, nach J. Ruysdael. Rad. kl. qu. fol. Selten.

P. Habelmann.

479. Alex. v. Humboldt. E. Gaggiotti-Richards p. Mezzot. gr. fol. Schöner Druck.

C. Hagens.

480. M. A. Ruyter, Admiral. Im Grund Seeschlacht. 4.

J. E. Haid.

481. J. F. Mayer, Juwelier, zeichnend. A. Graff p. Schwarzk. fol. Schöner Druck.

482. Der Wundarzt. F. Mieris p. Schwarzk. kl. fol. Ebenso.

A. van Halen.

183. J. P. Somer, der berühmte Kunstfreund. A. van Bloe-
men p. Schwarzk. kl. fol. Schönes Portrait u. selten.

Ch. Heath.

184. Christus im Tempel die Kranken heilend. B. West p.
qu. imp. fol. Capitalblatt in sehr schönem Druck
auf chinesischem Papier.

J. Heath.

185. Alex. Monro, Anatom. Oval fol. Schön punktirt.

J. van den Hecke.

186. 12 Bl. Die Folge der Thiere. gr. qu. 8. B. 1—12. Später Druck nach der Adresse.

G. de Heer.

187. Die Zigeuner, oder der Tanz um den Maibaum. qu. fol.
Seltenes Hauptblatt, aber leider arg beschädigt.

J. van de Heiden.

188. Der Brand des Stadthauses zu Amsterdam. 1652. qu. fol.
Oben ein Riss.

C. Hess.

189. The Quack-Doctor. G. Dow p. roy. fol. Capitalblatt
in vorzüglichem alten Druck mit angelegter
Schrift, mit V. Green's Adresse.

C. Hoeckgeest.

190. Kircheninterieur. Vorn ein Herr mit Hund und drei
Knieende. Rad. fol. Sehr selten. Leider verschn.

W. Hogarth.

191. Die Punschgesellschaft. gr. qu. fol. Alter Druck.

W. Hollar.

192. Christus am Kreuz, mit den Engeln. A. van Dyck p.
gr. fol. Parthey 107. Selten.
193. P. Aretino, nach Tizian. f. P. 1348. Prächtiger Druck.
194. Die vier Windmühlen. J. Breughel p. qu. fol. P. 1215.
Sehr schöner Druck.
495. Das Münster in Antwerpen. gr. fol. P. 824. Hauptblatt in prächtigem ersten Druck.
196. Dass. Bl. in noch gutem spät. Dr. mit der veränderten Schrift.
497. 5 Bl. Die englischen Ansichten. qu. 8. P. 949—53.
Sehr schöne Drucke von seltener Kraft und
Reinheit.
498. 12 Bl. Die Folge der Schmetterlinge. qu. 8. P. 2164—75.
Vortreffliche I. Drucke vor den Nummern.

P. Holsteyn.

499. Jac. van der Burch. G. Terburg p. kl. fol. Vor der
Schrift.

500. Jean de la Chambre, Schreiblehrer zu Harlem. D. Bra
p. fol. Schön und selten.
501. Joh. Picardt, Theolog und Arzt. H. Nyhoff p. ￦
Schöner Druck.

C. Holsteyn.

502. Isabella d'Este, sitzend in reich geflammtem Kleid. A. Co₁
reggio p. Cabinet de Reynst. fol. Schöner I. Drucl

W. Hondius.

503. Isabella Clara Eugenia Infantin. A. van Dyck p. fo

R. de Hooghe.

504. 2 Bl. Thiere in Landschaften, nach Berghem. R₄
qu. 8. Selten. 1 Bl. fleck. und etw. beschädigt.
505. 3 Bl. Abreise und Ankunft des Prinzen von Oranien nac
England, Parlamentssitzung u. andere Darstell. gr. qu.

J. G. Huck.

506. Joh. G. Leidenfrost, Prof., in seinem Cabinet. 179
Schwarzk. gr. fol. Guter Druck.

J. van Huchtenburg.

507. Der Tod des türkischen Reiters. Schwarzk. qu. f￠
B. 6. Schöner Druck.
508. Das Souper der Soldaten. Schwarzk. B. 2. qu. f￠
Die äusserst seltene Copie von J. Gole. Mit zw₁
kleinen Flecken.

C. Hutin.

509. Das ruhende Hirtenpaar. Rad. kl. qu. fol.

L. de la Hyre.

510. Die heil. Familie mit den Engeln. qu. fol. R.-D.
Trefflicher Druck mit der ersten Adresse.

R. Jelgerhuis.

511. Henr. Hooft, Bürgermeister von Amsterdam. Knie￫
Schwarzk. fol. Selten.

B. Jenichen.

512. Theophrast Paracelsus. 8.

C. Josi.

513. Th. Kosciusko. Halbfig. J. Grassi p. Punkt. f￠
Schöner früher Druck vor Ausfüllung der Schri
als „Epreuve" bezeichnet.

J. de Jongh.

514. Joh. de Mey, Prof. Med. Halbfig. Z. Blyhooft p. f￠
Selten.

A. de Jode.

515. Cath. Howard. A. van Dyck p. kl. fol. Schöner u₁
seltener I. Druck mit M. van den Enden. Unt
ein kl. Oelfleck.

P. de Jode.

516. W. Marquis, Doct. med. Halbfig. A. van Dyck p. gr. 4.
Sehr schöner Druck, mit vollem Papierrand.
517. Philipp IV. von Spanien zu Pferd unter dem Triumph-
bogen. A. van Dyck p. gr. fol. Vorzüglicher Druck.

J. W. Kaiser.

518. J. W. Picneman. Brustb. N. Pieneman p. gr. fol.
Kunstvercinsblatt 1846.

F. Kobell.

519. 2 Bl. Altes Stadtthor und Mühle am Gehölz. Rad. qu. 8. 4.

J. Kobell.

520. Der Stier im Wasser und die beiden Schafe. Rad. qu. 8.
521. Der saufende Stier im Wasser. qu. 8.
522. 2 Bl. Die stehende Kuh bei der liegenden. Der Gaul
bei dem Karren. qu. 4.

W. v. Kobell.

523. Die ruhende Heerde in der Ruine. N. Berghem p.
Aquat. kl. fol. A. 67. Ohne den Originaluntersatzbogen.

C. W. Kolbe.

524. Die Bauernhütte im Walde. qu. fol. Alter Druck.
525. Die grosse Eichengruppe. gr. qu. fol. Ebenso.

C. Koninck.

526. A. Tetrodius. Halbfig. F. Grebber p. kl. fol. Schöner Druck.

S. a. Lamswerde.

527. Nic. Mulerius, Doct. med. zu Groeningen. kl. f. Selten.
528. H. Welmannus, Doct. med. zu Groeningen. kl. f. Selten.

M. Lasne.

529. Ren. Moreau, im Lehnsessel. 4..

J. P. Lange.

530. H. W. Couwenberg. Brustb. C. van Beveren p. kl.
fol. Schöner Druck, mit Facsimile.

D. Langendyk.

531. Die kleine Landschaft mit den Reitern. Hübsch rad.
12. Selten.

N. de Larmessin.

532. Louis Quince, Roy de France. Ganze Fig. C. Vanloo
p. gr. fol. Prächtiger Druck.
533. Marie, Princesse de Pologne, Reine de France. Gegenstück. Idem p. gr. fol. Ebenso.

Nic. Lastman.

534. Carl Vermander, Maler. Büste in Cartouche. gr. 4.
Schön und selten.

H. S. Lautensack.

535. Hier. Schürstab. qu. fol. B. 7.

536. David und Goliath. qu. fol. Fehlt B. P. 64. Schöner-Druck und sehr selten.

537. Die Burg auf dem Fels. kl. fol. B. 25.

Nic. Lecomte.

538. Sainte Famille, dite la Perle, nach Raphael's Bild in Madrid. roy. fol. Ein Hauptblatt.

J. F. Leonart.

539. V. Coiter, Anatom. Rad. kl. fol.

O. Leoni.

540. G. Baglioni. 4. B. 14. Schöner alter Druck.

541. Der Künstler selbst. 4. B. 9. Alter Druck.

F. C. Lewis.

542. W. Laurence. Brustb. F. C. Lewis jun. p. gr. fol.

G. Leybold.

543. Vinc. Kern, Chirurg. C.Leybold p. f. Schöner Druck.

J. Livens.

544. Jac. Gouter, Musiker am Hofe Carl's I. B. 59. Selten. Schöner II. Druck, mit Meyssens' Adresse.

N. Loir.

545. Cleobis und Biton, oder die kindliche Liebe. gr. qu. fol R.-D. 16. Schöner und sehr seltener I. Druck voi Mariette's Adresse.

A. Loir.

546. Die Darstellung des Jesuskindes im Tempel. J. Jou-venet p. roy. fol. Ein Hauptblatt des Stechers in schönem Druck. Ohne Plattenrand.

L. Loli.

547. Maria mit dem Kinde und Johannes. Oval kl. fol. B. 5 Schöner alter Druck.

J. Longhi.

548. Die heil. Familie. Nunc ego mitto te etc. Raphael p gr. fol. Ein Hauptblatt.

M. Lorch.

549. Der Mann am Kreuz, nach Michel Angelo. kl. fol B. 8. Etwas matt.

Claude Lorrain.

550. Die Landschaft mit dem Tanz der Jahreszeiten. qu. fol R.-D. 20. Vorzüglicher und seltener alte I. Druck mit der schwachen Bordure oben.

551. Dasselbe, mit der verstärkten Bordure, aber immer noch guter alter Druck.

552. Der Hafen mit dem Leuchtthurm. 4. R.-D. 11. Später Druck

553. Der Schiffbruch. 4. B. 7. Kräftiger später Druck.

P. J. Loutherbourg.

554. 4 Bl. Die Tageszeiten, durch Marinen dargestellt. Radirt. kl. qu. f. Schöne Drucke, mit der Adresse des Meisters.

J. Louys.

555. Franz Thom. v. Savoyen, Fürst v. Carignan in reicher Guirlande. A. van Dyck p. gr. f. Schöner Druck.

P. Louw.

556. Portrait Hageman's. Hüftbild. Schwarzkunst. kl. fol.

R. Lowerie.

557. Der Rattenfänger. A. van Ostade p. Schwarzkunst. gr. f. Schön gearbeitetes Blatt in sehr schönem Druck.

J. Lutma.

558. J. Lutma der Vater. Büste. Gepunzt. fol.
559. J. Lutma, der Sohn, der Meister selbst. Ebenso. fol.
560. P. C. Hooft. Alter Tacitus. Büste. Ebenso. f. Schöner Druck. Ohne Plattenrand.

A. Mantegna.

561. Herkules und Anteus. fol. B. 16. Die seltene Copie von G. A. da Brescia. B. 13. Alter Druck, aber die Platte bereits rostfleckig.

C. Maratti.

562. Die Geburt Christi. Oval 4. B. 4. Schöner I. Druck vor der Adresse. Mit Rand.

A. Marcenay de Guy.

563. La fleuriste. G. Dow p. f. Sehr schöner Druck vor aller Schrift.

P. de Mare.

564. Portrait von Baudeloque. Brustbild. Le Camus del. gr. 8.
565. Dasselbe in seltenem Druck auf Atlas.
566. Dasselbe in sehr seltenem Druck vor aller Schrift auf Tonpapier.

J. Marinus.

567. Das Wunder des heil. Franciscus Xaverius. Rubens p. roy. fol. Ein Hauptblatt.

P. Martenasie.

568. L'abreuvoir champêtre. N. Berghem p. gr. f. Schöner Druck.

J. B. Massé.

569. Ant. Coypel, Maler. C. Coypel p. fol. R.-D. 1. Schöner alter Druck.

A. Masson.

570. Die eherne Schlange. C. le Brun p. qu. roy. f. R.-D. 2. Ein Hauptblatt. Mit einer Falte.

571. Die heilige Familie. P. Mignard p. qu. fol. R.-D. 3.
Schönes Blatt in trefflichem I.Druck mit van Merlens Adresse. Aus Börner's Sammlung.
572. G. de Brisacier. N. Mignard p. fol. R.-D. 15.
573. Marin Cureau de la Chambre. P. Mignard p. f. R.-D.24.
Capitalblatt in prächtigem Druck von grösster Schönheit, vor den Contretaillen auf der Wange.
574. Charles Patin. fol. R.-D. 60. Prächtiger Druck vor der Retouche, vor der Kreuzschraffirung zwischen den beiden Fingern der linken Hand etc. und mit der ersten Schriftplatte.
575. Gui Patin. kl. fol. R.-D. 59. Schöner alter Druck.
576. Dasselbe. Vor der Adresse des Künstlers, aber fast nicht so gut.

J. Matham.

577. Die heil. Familie mit der Familie des Johannes, in einer Landschaft. H. Goltzius inv. fol. B. 107.
578. J. van de Velde, Schreibmeister. gr. 4. Fehlt B. W.26a. Selten.

Th. Matham.

579. C. Barläus. J. Sandrart del. fol. Guter Druck.

L. Mattioli.

580. Maria mit dem Kinde. G. Reni inv. 4. B. 11. Schöner Druck. Gebräunt.

A. Maulbertsch.

581. Der Quacksalber auf seinem Gerüst. Radirt. qu. fol.

I. von Meckenen.

582. Die Kreuzigung Christi. kl. fol. B. 18. Schöner Druck. Ganz wenig fleckig.
583. St. Christoph. 4. B. 90. Alter Druck dieses wie mir scheint zweifelhaften Blattes, wenn nicht Copie.

J. Mechau.

584. Romitorio a Albano. Radirt. qu. fol.

C. de Mechel.

585. Nostradamus, eine Feder schneidend. G. Metzu p. fol.

Cl. Mellan.

586. H. L. Habert de Montmor. fol. Schöner Druck.
587. Maria mit dem Kind in einer Landschaft ruhend. qu. f.

G. B. Mercati.

588. St. Bibiena weigert sich zu Jupiter zu opfern, nach P. da Cortona. fol. B. 5. Sehr schöner Druck.

M. Merian, sen.

589. A. Weickardus, Med. Doc. Kniestück. 1626. fol. Selten. Der Rand unterlegt und wenig fleckig im Schriftrand.
590. Gebirgslandschaft mit Fluss und Burgruine. qu. fol.

H. Merz.

591. Das Narrenhaus. W. Kaulbach inv. qu. roy. fol. Alter Druck.

J. van Meurs.

592. A. Rivetus. Halbfigur. fol.

F. A. Milatz.

593. Der Wald im Sturm. Radirt. qu. fol.

van der Minte.

594. 2 Bl. Landschaften mit Hütten. Radirt. 1751. qu. 8. qu. 4.

Rob. de Mol.

595. Die Schlacht zwischen Alexander und Darius. P. da Cortona p. Rad. gr. qu. fol. Selten. Gebräunt.

R. Morghen.

596. Johannes der Täufer in der Wüste predigend. G. Reni p. gr. fol.

597. Noli me tangere. Christus und Magdalena. F. Barocci p. gr. fol. An Luft ein paar Stockflecken.

598. G. J. Meyer. J. Edlinger p. fol. Schöner Druck vor der III. Schriftzeile. Im Schriftrand schwach gebräunt.

599. Medaillon des O. Zuccagno. fol.

600. Das Basrelief mit Aeskulap und Hygieia, nach einem antiken Diptychon. fol. Wenig stockfleckig.

J. Morin.

601. Maria verehrt das Kind. Tizian p. gr. fol. R.-D. 15. Schönes Blatt, der Druck aber stellenweise etwas fahl.

602. Ant. Vitré. Ph. de Champagne p. fol. R.-D. 88. Sehr schöner Druck eines Hauptblattes des Meisters.

603. Die Landschaft mit den Entenjägern. Fouquier p. qu. f. R.-D. 103. Prächtiger Druck von unübertrefflicher Kraft und Schönheit, aber leider verschnitten.

604. Die Landschaft mit den Schnittern. Idem p. gr. qu. fol. R.-D. 107. Vorzüglicher Druck. An der Luft ein kleiner gelber Fleck.

J. de Moucheron.

605. 8 Bl. aus der Folge der Landschaften nach C. Poussin. Radirt. qu. fol.

M. Mozyn.

606. Admiral Galen, am Meer stehend. J. Livens p. gr. fol. Ein Hauptblatt des Stechers, mit zweiter Adresse.

F. Müller.

607. Hufeland. Kniestück. F. Tischbein p. fol. Andr. 3. Schöner Druck mit Nadelschrift.

J. G. v. Müller.

608. Ant. Graff. Se ipse p. fol. A. 3. Prächtiger Druck vor aller Schrift.

609. Louis Seize, im Krönuugsornat. F. Duplessis p. roy. f.
A. 8. Capitalblatt in sehr schönem Druck mit
offener Schrift und vor dem Namen des Druckers.
Aus Börner's Sammlung.

J. Munickhuysen.

610. J. van der Wayen, Prediger. Brustbild. fol.
611. W. Momma, Prediger. Halbfigur. Z. Blyhoff p. fol.
Schöner Druck.
612. Jac. Hovius, Prediger, im Lehnsessel. fol. Ebenso.

R. Nanteuil.

613. F. Guenault, Leibarzt des Königs. fol. R.-D. 105. Schöner
Druck.
614. Marin Cureau de la Chambre. kl. fol. R.-D. 116. Vorzüglicher II. Druck mit dem einfachen Strich-
zeichen im Unterrand.
615. M. le Tellier. Ph. de Champagne p. fol. R.-D. 128.
Schöner Druck.
616. Henri de Lorraine, Marquis de Mouy. f. R.-D. 197. Sehr
seltener und schöner I. Druck vor der Schrift.
617. Ant. Barrillon de Morangis. fol. R.-D. 31. Sehr schöner
Druck.
618. Léonor Goyon de Matignon. Pater Antonius del. fol.
R.-D. 172. Vorzüglicher I. Druck vor dem heil.
Geistorden.

P. Neeffs.

619. Christus vor Pilatus geführt. J. Jordaens inv. gr. fol.
Prächtiger Druck von grosser Kraft. Links eine
kleine Druckfalte.

P. Nolpe.

620. Die Zigeunerin mit dem gekrönten Kind auf dem Arm
unter dem Baum. 4. Schön und selten.

Wenzel v. Olmütz.

621. St. Bartolomäus (?), aus der Folge der Apostel. 8. B. 36
Schön und selten. Der Rand unterlegt.

P. G. van Os.

622. 5 Bl. aus der Folge der Kühe in Landschaften. Rad. 4
623. Die ruhende Heerde bei der Ruine. N. Berghem p. fol.
Schöner Druck.

J. van Ossenbeck.

624. Die Cafarella bei der Fontaine Egeria. qu. fol. B. 25
Ein Hauptblatt des Malers in schönem alter
Druck vor Beschneidung der Platte.

A. van Ostade.

625. Der Charlatan. 4. B. 43. Guter Druck.

J. Palma.
626. Die Ehebrecherin vor Christus. gr. qu. 8. B. 20. Schöner alter Druck.

F. Parmeggiano.
627. St. Thais. 4. B. 10. Viel verschnitten.

C. de Pas.
628. Ant. Deusingius, Arzt. kl. fol. Schöner Druck.
629. Adrian van Eynhouts. Oval 4. Schön.
630. O. Heurnius, Chirurg. N. Negre p. fol.
631. Gisb. ab Isendoorn. kl. fol. Schöner Druck.

G. Pencz.
632. Die Beschneidung Christi. qu. 12. B. 31. Guter Druck.
633. Christus heilt den Aussätzigen. qu. 8. B. 34. Schöner Druck.
634. Der barmherzige Samariter. qu. 8. B. 68. Schöner Druck.
635. Medea und Jason. 8. B. 71. Vorzüglicher Druck.
636. Thomiris. 8. B. 70. Schöner Druck.

R. Persyn.
637. Balt. Graf de Castillion. Raphael p. f. Schöner Druck.
638. Dirk Janse van Oirschott. Brustbild in Cartouche. fol. Sehr schöner und seltener Druck vor aller Schrift.
639. Sam. Coster, Kniestück. J. Sandrart p. fol. II. Druck mit C. Danckerts' Adresse.
640. J. Goedart, Maler. Oval in Einfassung von Schmetterlingen und Raupen. W. Eversdyck p. 8. Selten.

J. Pesne.
641. Die Madonna del Passeggio. Raphael p. gr. fol. R.-D. 95. Vor Malbouré's Adresse.
642. Der Dudelsackpfeifer oder das Portrait des F. Langlois. A. van Dyck p. fol. R.-D. 97. Sehr schöner und seltener Druck vor der Schrift.

G. Perelle.
643. 4 Bl. Landschaften. qu. fol. Rund 4. Schöne Drucke.

W. Pether.
644. Helena Forman, Rubens' Frau, Halbfigur als Schäferin. Rubens p. Schwarzkunst, wie die Folgenden. kl. fol. Schöner Druck.
645. Dieselbe ebenso, aber grösser und nach links. Rubens p. gr. fol. Sehr schöner und seltener Druck vor der Schrift auf chines. Papier.
646. Hemsterhuis. Brustbild. fol. Vor aller Schrift.
647. Der Alchymist. Reiche Composition. J. Wright p. roy. f. Hauptblatt in sehr schönem Druck mit Nadelschrift.

648. Der Eremit vor seiner Grotte in Betrachtung eines Skeletts. Idem p. roy. fol. Hauptblatt in prächtigem Druck mit Nadelschrift.

P. Philipp.

649. 2 Bl. Pet. Adrian Werfius, Brustbild in Palmen, nebst seinem Epitaph. fol. Schöner Druck.

Charles Phillips.

650. Isaac segnet Jacob. J. Spagnoletto p. Schwarzkunst. gr. qu. fol. Prächtiger Druck vor der Schrift.

651. Ein nachsinnender Philosoph, im Lehnsessel. Rembrandt p. fol. Beschnitten und berieben.

B. Picart.

652. 2 Bl. Andr. Palladio. Halbfigur. fol. Schöner Druck. Nebst unvollendetem Probedruck, wo die Figur nur in Umrissen angelegt ist.

J. Pichler.

653. Alexander und sein Arzt Philippus. H.Füger p. Schwarzkunst. qu. roy. fol. Vorzüglicher Druck.

N. Pitau.

654. Die heilige Familie, wo ein Engel dem Kind einen Blumenkorb reicht. G. Villequin p. roy. fol. Schöner Druck vor Poilly's Adresse.

655. Pet. Seguier. Fast lebensgrosses Brustbild. N. de Platte-Montagne p. roy. fol. Capitalblatt in sehr schönem Druck.

M. Pitteri.

656. Brustbild der heiligen Jungfrau. J. B. Piazetta p. fol. Schöner Druck.

Ther. del Po.

657. Maria begrüsst von Elisabeth. P. del Po p. gr. fol. Alter Druck, jedoch bereits etwas grau.

F. de Poilly.

658. Die Anbetung der Hirten. G. Reni p. gr. fol. Ein Hauptblatt in vorzüglichem Druck.

P. Pontius.

659. Die Grablegung Christi mit St. Franciscus, nach Rubens' Bild bei den Kapuzinern zu Brüssel. gr. fol. Guter kräftiger Druck.

660. Die heilige Familie mit Elisabeth. Idem p. kl. f. Grau.

661. St. Rochus und die Pestkranken. Idem p. gr. f. Trefflicher alter Druck.

662. Ferdinand Infant von Spanien, zu Pferd, im Grund ein Reitertreffen. Idem p. gr. fol. Schön und selten.

663. V. Fortunatus. Brustbild. G. Terburg p. kl. fol.

664. Nic. Rockox. Idem p. fol.

C. A. Porporati.

665. Der Zweikampf zwischen Tankred und Clorinde. C. Van-loo p. gr. f. Vor der Schrift, nur mit den Künstler-namen.

Ferd. König v. Portugal.

666. Der Postillon mit zwei Pferden am Stall. E. Verboek-hoven p. Radirt. qu. fol. Stockfleckig.

G. M. Preisler.

667. J. W. Widmann, Med. Doc. Kniestück, sitzend. P. Decker p. gr. fol. Schöner Druck.

P. Quast.

668. 6 Bl. Die Folge der Sinne. 4. Mit H. Hondius' Adresse.
669. Der Dorfchirurg. qu. fol. Schöner Druck mit erster Adresse. Selten.
670. Büste eines alten Bauers, mit Pelzmütze. 8. Selten.

E. Rauch.

671. Dr. Justus Liebig. Halbfigur. Trautschold p. Schöner Druck.

M. da Ravenna.

672. Der Kindermord zu Bethlehem, nach Raphael. Ohne das Tannenbäumchen. qu. fol. B. 20. Von Bartsch dem M. da Ravenna zugeschrieben, aber wohl richtiger von Marc-Anton und die zweite Platte dieses Künstlers. Schöner alter Druck eines Hauptblattes. Links um einige Linien beschnitten und eine wenig merkliche Falte ausgepresst.

J. C. Reinhart.

673. 3 Bl. Thiere in Landschaften. 4. A. 34. 36. 44. Seltene Aetzdrücke.

Rembrandt.

674. 6 Bl. diverse Darstellungen von und nach ihm.

G. Reni.

675. Die heilige Familie bei der Arkade. kl. fol. B. 9. I. Druck vor dem Namen.
676. Die Kinder Jesus und Johannes in einer Landschaft. qu. 4. B. 13. Schöner Druck.

J. H. Rennefeld.

677. Die Erziehung der Kinder der Chlotildis nach Alma-Tadema's Bild beim König von Belgien. gr. qu. f. Schöne Composition in vorzüglicher Epreuve d'artiste auf chines. Papier.
678. Dasselbe. Mit der Schrift. Schöner Druck.

S. W. Reynolds.

679. Will. Blizard, Anatom. Kniestück. Mezzotinto. gr. fol.

3*

J. Rigaud.

680. 2 Bl. Vue du cours de Marseille. Vue de l'hotel de Ville de Marseille 1720 pendant la peste. J. R. del. Radirt. gr. qu. fol. Schöne Drucke.

Robetta.

681. Die Anbetung der Weisen. fol. B. 6.
682. Der Liebesgarten. fol. B. 25.

B. Rode.

683. Hermann befiehlt Varus Haupt dem Marbod zu bringen. Rad., wie die Folg. gr. fol.
684. Ein Köhler befreit die geraubten sächsischen Prinzen. gr. f.
685. Der König der Moabiter auf der Stadtmauer, in Begriff seinen Sohn dem Moloch zu opfern. fol.

R. Roghman.

686. 6 Bl. Verscheyde gesichten uit Haagsche Bos. qu. fol.

S. Rosa.

687. Polycrates Tyrann von Samos an's Kreuz geheftet. qu. roy. fol. B. 10. Schöner alter Druck.
688. Der Genius des S. Rosa. gr. fol. B. 24. Aufgezogen.

M. Rota.

689. Die Auferstehung Christi, nach F. Zuccaro. fol. B. 12. Ganz vorzüglicher Druck.
690. Das jüngste Gericht. M. Rota inv. G. Franco sc. gr. fol. Sehr schöner Druck.
691. Carolus Clusius, Botanist. Brustbild. 8. B. 62. Guter Druck.

P. P. Rubens. (Nach ihm.)

692. Die heilige Familie. M. van den Enden exc. fol. Später Druck.
693. Maria das Kind verehrend. W. Panneels (?) sc. 4. Oelfleckig.
694. 3 Bl. Jagden auf Löwen und Nielpferde. Le Bas und le Tellier sc. kl. qu. fol. Gebräunt.
695. 12 Bl. Die Geschichte Kaisers Constantin, nach Rubens' Bildern in der Gallerie Orleans. N. Tardieu sc. f. q. f.

N. Ryckmans.

696. Die Entdeckung des Achilles. P. P. Rubens p. fol. Schöner Druck. Fleckig und aufgezogen.

W. W. Ryland.

697. Antiochus und Stratonice. P. da Cortona p. gr. qu. fol. Vorzüglicher Druck vor der Schrift. Ein Hauptblatt des Stechers.

L. Sabatelli.

698. Die Pest von Florenz nach Boccaccio. Rad. qu. roy. fol. Hauptblatt des Malers in schönem Druck.

E. Sadeler.

699. G. Steeghius. Brustbild. kl. fol.
700. Franc. de Padoanis, Med. Doct. fol. Alter Druck.

J. Saenredam.

701. P. Hogerbetius, Dichter und Arzt, mit allegor. Umgebung.
C. van Mander inv. fol. B. 114. Schöner Druck.
702. Dasselbe. Eines Risses wegen aufgezogen.
703. C. van Mander. II. Goltzius p. 4. B. 101.

C. Saftleven.

704. Der Schweinehirt. q. f. B. 30. Nicht ganz klarer Druck.

J. Sandrart.

705. Joach. v. Sandrart, Maler. Hüftbild. fol. Schöner Druck.

S. Savery.

706. R. Wybma, am Studiertisch. J. de Backer p. fol. Sehr
schöner Druck.
707. Dr. Zacutus, Lusitanus. Brustbild in Cartouche. 4. Selten.

H. Schäufelin.

708. Die Anbetung der Weisen. Holzschnitt. fol. Schöner
alter Druck. Gewaschen und scharf beschnitten.

A. Scheits.

709. 4 Bl. Folge von Bauernscenen. kl. qu. fol. Copien, dem
J. van Nypoort zugeschrieben.

P. Schenck.

710. P. Francius, Prof. zu Amsterdam. Schwarzkunst. fol.

N. Schiavonetti.

711. Joseph Banks, auf dem Präsidentenstuhl. Th. Philips p.
gr. fol. Ein Hauptblatt des Stechers in schönem
Druck mit Nadelschrift.

G. F. Schmidt.

712. J. Th. Eller, Leibarzt. A. Pesne p. fol. Jacoby 73.
Guter Druck.
713. J. Bernoulli. J. Huber p. kl. fol. J. 54. Ebenso.
714. Graf Esterhazi. L. Tocqué p. fol. J. 78. Sehr schöner
Druck vor dem Grabstichel.
715. J. B. Silva. II. Rigaud p. gr. f. J. 52. Schöner Druck.
716. J. H. Burkhardt, Hofarzt zu Braunschweig. Müller p.
gr. 4. J. 63. Selten.
717. La Mettrie. kl. fol. J. 76. Guter Druck.
718. Der Arzt Möhsen. Radirt, wie die Folg. gr. 4. J. 149.
Guter Druck.
719. Der Arzt Lieberkühn. Belohnung der Tugend. fol. J. 138.
Bereits grau.
720. Der Meister selbst, mit der Spinne im Fenster. kl. fol.
J. 141. Sehr schöner Druck.
721. Hirsch Michel. 4. J. 144. Schöner Druck.

722. Die Darstellung Christi im Tempel. C. W. E. Die trich p
qu. fol. J. 167. Recht guter Druck.
723. Sara führt Hagar zu Abraham. Idem p. qu. fol. J. 175
Schöner Druck.

M. Schongauer.

724. St. Martin. 4. B. 57. Schöner Druck. Der weisse
Hintergrund gut restaurirt.

L. Schöninger. (?)

725. Baron Liebig, der berühmte Naturforscher, in einer Landschaft stehend. Galvanographie. gr. f. Vor aller Schrift.

J. Schumann.

726. Der Karren im Fluss, nach J. Ruysdael's Bild in
Dresden. Radirt. qu. fol.

A. M. Schurman.

727. Die Künstlerin selbst. Halbfigur. 8. Feines Blatt in.
noch ziemlich gutem Druck.

J. G. Seiller.

728. Th. Zwinger, Arzt und Professor zu Basel. G. Brand-
müller p. gr. fol. Mit einem Bruch.

W. Sharp.

729. John Hunter, in seinem Cabinet sitzend. J. Reynolds p.
gr. fol. Alter Druck.
730. Dasselbe. Später Druck auf chines. Papier.

C. van Sichem.

731. Mich. Servetus. Halbfigur. 4. Später Druck.
732. Matthias, Erzherzog von Oesterreich. Ganze Figur. 4.

J. Simon.

733. Th. Turquetus, Jacob's I. Leibarzt. Kniestück. P. P. Rubens p. Schwarzkunst. fol. Schöner Druck.

E. Sirani.

734. Die heilige Familie. Oval. 4. B. 3. I. Druck vor
G. Reni's Namen. Einige kleine Risse unterlegt.
735. Ruhe auf der Flucht in Egypten. gr. 4. B. 4. Schöner
Druck.

W. Skelton.

736. Edward Jenner. M. D. Kniestück sitzend. W. Hobday p.
gr. fol.

P. Sluiter.

737. Jan Luiken, Brustbild in allegor. Umgebung. A. Boonen del.
gr. 4. Schöner Druck und selten.

J. Smith.

738. St. Magdalena in Busse. Nachtstück. G. Schalken p.
Schwarzkunst. fol. Guter Druck.
739. Wilhelm III. König von England. Brustbild. G. Kneller p.
Schwarzkunst. Oval. fol. Schöner Druck.

H. Snyers.

740. Die Verlobung der heiligen Catharina in Gegenwart von Heiligen. P. P. Rubens p. roy. fol. Sehr schöner I. Druck vor der Retouche.

P. van Sompelen.

741. Christus zu Emaus. Rubens p. fol. III. Druck mit der Adresse des Cl. de Jonghe.

N. de Son.

742. Die Landschaft mit der Flucht nach Egypten. In Callot's Manier. kl. qu. fol. Selten. Aufgezogen.

P. Soutman.

743. Weihung eines Bischofs. Rubens inv. fol. Schöner Druck und selten.

J. Spagnoletto.

744. St. Petrus in Reue. fol. B. 7. Schöner I. Druck vor Wyngaerde's Adresse.

745. Dasselbe ebenfalls vor dieser Adresse, doch nicht ganz so klar.

M. Steinla.

746. D. Fr. Lud. Kreysig, am Schreibtisch. J. v. Grassi p. f.

J. Stolker.

747. F. de Muscher, Maler. Brustbild. J. van Ravesteyn p. Schwarzkunst. fol.

R. Strange.

748. Esther vor Ahasver. F. Guercino p. qu. fol. Le Blanc 2. Sehr schöner klarer Druck.

749. Laomedon verweigert Neptun und Apollo den Tribut. S. Rosa p. fol. Le Bl. 19. Sehr schöner Druck.

H. van der Straaten. (?)

750. Felsige Landschaft mit einem Fluss. 1754. Rad. 4.

A. van Stry.

751. Zwei Köpfe von Orientalen. Rad. qu. 4. Von der unzerschnittenen Pl. Selten.

P. Subleyras.

752. Die eherne Schlange. kl. fol. R.-D. 2.

753. Dasselbe. Vor der Unterschrift. Mit leichten Bleistiftretouchen.

L. Surugue.

754. Steph. Franc. Geoffroy, Prof. der Medicin. Halbfig. N. de Largillière p. fol. Guter alter Druck.

J. Suyderhoef.

755. Johann der Unerschrockene, Herzog von Burgund, in reicher Fruchtguirlande. P. Soutmann effig. fol. Wussin 41. Schöner Druck.

756. Alb. Kyper, Prof. zu Leyden. D. Bailly p. fol. W. 49. Schöner I. Druck.
757. P. Winsemius, Prof. kl. fol. W. 100. Vorzügl. Druck.
758. Joh. de Mey. 4. W. 55. Fast grau.
759. Andr. Rivetus. C. Dubordieu p. fol. W. 72. Schöner Druck, doch die Adresse abgeschn.
760. René Descartes. F. Hals p. fol. W. 23. Schöner Druck mit C. Allardt's Adresse.
761. Claudius à Salmasia. gr. 4. W. 75. Grau.
762. Ders. grösser. N. van Negre p. gr. fol. W. 74. Aufgezogen.
763. Joh. van Ronberg. W. Eversdyck p. 4. W. 73. Sehr schöner Druck.
764. Thom. Bartholinus. C. van Mander p. gr. 8. W. 8. Schön.
765. Nic. Bodding van Laar, Schreibmeister. 4. Mit langer Schriftplatte unten. W. 13. Sehr selten.

W. Swanenburg.
766. Christus zu Emaus. Rubens p. qu. fol. Guter Druck.
767. Lot und seine Töchter. Idem p. qu. fol. Schöner I. Druck. Vor der Adresse.
768. Joh. Heurnius, Prof. zu Leiden. 1607. fol.
769. Corn. Duyn, von Amsterdam. J. de Gheyn fig. 8. Schöner Druck.

P. Tanjé.
770. G. W. Baron v. Imhof, Gouverneur von Indien. Ganze Fig. P. van Dyk p. gr. fol. Schöner Druck.

P. J. Tassaert.
771. Jonas in das Meer geworfen. Rubens p. gr. qu. fol. Selten.
772. Rubens' Kinder mit dem Hunde spielend. Rubens p. Schwarzk. gr. fol. Sehr schöner Druck.

P. Testa.
773. 2 Bl. Der Tod des Cato von Utika. Die Taufe des Achilles im stygischen Wasser. qu. fol. B. 20. 21.

C. Teunissen (Antoniszoon).
774. Der grosse Plan von Amsterdam in 12 Bl. Holzschnitt. 1544. Ausserordentlich selten. Vergl. Nagler, Monogr. II, 725.

Theodore.
775. Merkur und die Töchter des Cecrops. F. Milet p. qu. fol. R.-D. 12. Schöner I. Druck.
776. Cephalus und Procris. Idem p. qu. fol. R.-D. 17. Ebenso, vor der Adresse.

S. Thomassin.
777. Die Pest zu Marseille 1720. J. F. de Troy p. qu. imp. fol. Hauptblatt in altem Druck.

778. Dass. Capitalblatt in äusserst seltenem und sehr
schönem, fast ganz vollendetem Probedruck. Dazu
eine alte Zeichnung, vielleicht von Thomassin selbst, leben-
dig in Feder und Tusche.

C. Troost.

779. Der Dichter Vlaming. Brustb. Schwarzk. 4. Sehr selten.

C. Turner.

780. R. W. Luwh. Kniest., stehend. Mezzotinto. 1840. gr. fol.
Sehr schöner Druck vor der Schrift, sogenann-
ter Facsimilé-Druck.

Unbekannt.

781. Arn. Vinnius, Prof. zu Leyden. Brustb. Dubordieu p.
C. Dankerts und J. Lauwyck exc. fol. Schöner Druck.
782. Julius Cassevius, Anatom. Halbfig. in reicher allegor.
Einfassung. gr. fol. Schöner Druck und selten.
783. Joh. de Ney. Brustb. 4.
784. Henriette Maria von England. Kniestück. A. van Dyck p.
gr. fol. Die Schrift abgeschn.
785. Maria mit dem Kinde und Anna. Rad. von F. van Wyngaerde (?). fol. Remargirt.
786. Die Reiter bei dem Marketenderzelt, nach Ph. Wouwerman. Rad. qu. fol.
787. Die Frau mit den Schwämmen. Copie C. nach Marc
Anton's Bl. B. 373. 8.

W. Vaillant.

788. Das Concert. M. Gerards p. Schwarzk. gr. qu. fol.
Wessely 200. Ein Hauptblatt des Meisters.

V. Vangelisti.

789. G. L. Buffon, Brustb., zwischen dem Erdglobus und Adler.
A. Pujos del. fol. Schöner Druck.

J. Veenhuysen.

790. Volkhard Schram, Viceadmiral von Holland. Kniest. auf
der Meeresküste. fol. Brüchig.

A. van de Velde.

791. Der schlafende Hirt bei der sitzenden Frau. qu. fol.
B. 17. Aelterer IV. Druck mit Houwen's Adresse.
792. Dasselbe. Später Druck nach aller Adresse.

J. van de Velde.

793. P. Costerus, Arzt. Brustb. kl. fol. Schöner Druck.
794. B. Paludanus, Med. Doct. H. Pot p. fol. Schöner Druck.
795. 2 Bl. Flusslandschaft mit Figuren. G. van der Horst inv.
qu. fol. 1 Bl. fleckig.
796. 12 Bl. Die Monate des Jahres. Landschaften mit entsprechender Staffage. J. van de Velde inv. 4. Schöner
Druck mit F. de Wit's Adresse, auf Schellenkappenpap.

797. 3 Bl. aus der Folge der Elemente mit dem Kanonenschuss
W. van Buytenweg inv. qu. fol. 1 Bl. beschädigt, 1 Bl
späterer Druck.

798. 12 Bl. aus der Folge der schmalen Landschaften in die
Breite. Amoenissimae aliquot regiunculae a J. Veldio jun
delin. et in lucem editae a N. J. Visscherio 1615. qu. fol
Meist schöne Abdrücke. 2 Bl. fleckig und etwas
beschädigt.

799. 22 Bl. aus der Folge der Playsante Lantschappen na
t'leven geteykent en int'kooper gemaeckt door J. van den
Velde. qu. fol. Schöne Abdrücke. 1 Bl. restaurirt.

800. 14 Bl. holländische Dorfansichten, aus einer grössern
Folge, von N. J. Visscher. 4. Schöne Drucke.

801. 58. Bl. aus den Folgen der Amoenissimae aliquot regiunculae, a J. Veldio delin. et a N. J. Visscherio in lucem
editae. 4. Durchweg gute alte Drucke. Ein paar
Blatt beschädigt und mit Bleistift bestrichen.

802. 22 Bl. diverse Landschaften, zum Theil nach E. van
de Velde. Einige Blätter beschädigt.

803. 8 Bl. Holländische Ansichten. E. van de Velde inv. q. 8.

P. Velyn.

804. Medaillonportraits von s'Gravesande und Boerhave. Kleine
Ovale auf einer Platte in fol. Fein punktirt. Vor dem
Text und von der grossen Platte.

Agost. Venetiano.

805. Das Opfer Abraham's, nach Raphael. fol. B. 5. Sehr
kräftiger alter Druck ohne Zeichen.

N. Verkolje.

806. Auguste III Roy de Pologne. O. Elliger p. Schwarzkunst. roy. fol. Selten.

J. Verkolje.

807. Ant. van Leeuwenhoek. Kniestück. Schwarzkunst. fol.
Schön und selten.

G. Vertue.

808. Joh. Freind, M. D., Leibarzt der Königin Carolina von
England. M. Dahl p. fol. Schöner Druck.

809. Rob. Boyle. J. Kerseboom p. fol. Ohne Plattenrand
und mit beriebenen Stellen.

810. Th. Willis. M. D. fol. Leicht gebräunt.

811. König Eduard VI. auf dem Thron verleiht die Hospital-
charte dem Lordmajor Barnes und den Eldermen von
London. gr. qu. fol. Schöner Druck und selten.

812. Die Eltern und Geschwister des Heinrich Darnley, Königs
von Schottland, in Andacht bei dem Grabmal dieses Darnley, nach einem alten Gemälde. gr. qu. fol. Selten.

813. Die Familie des C. Patin, er selbst mit Frau und zwei Töchtern. qu. fol. Bis zur Bordure beschnitten und wenig fleckig. Selten.

E. Vico.

814. Die Schmiede des Vulkan, nach F. Prlmaticcio. qu. fol. B. 31. Ein Hauptblatt in schönem alten Druck.

Cl. Vignon.

815. Die Taufe des Kämmerers. fol. R.-D. 22. Schöner Druck vor der Adresse.

R. Vinkeles.

816. Walter Jan Gerrit Baron Bentinck, General. Halbfigur. P. Octs p. fol. Proofdruck.

817. 2 Bl. De Ridder van Kinsbergen, Kapitein ter Zee. Halbfigur. H. Pothoven p. fol. Vor und mit der Schrift. Ohne Plattenrand.

C. Visscher.

819. Peter Schrijver. Halbfigur. P. Soutman p. fol. Wussin 42. Schöner Druck vor der Schramme.

820. C. Huygens. Brustbild. Ch. C. F. Huygens del. Oval 4. W. 21. Aus dem Buch. Wenig fleckig.

821. Janus Dousa, in Rüstung. Kniestück. fol. W. 16. Schöner Druck und selten.

L. Visscher.

822. Ant. van de Plaet., am Studiertisch. Z. Webber p. fol. Wessely 14.

823. Nic. Tulpius. 8. W. 19.

F. Vivares.

824. The happy peasant. N. Berghem p. gr. fol. Guter Druck. Ohne Beschädigung aufgezogen.

J. G. van Vliet.

825. Der Liederverkäufer. fol. B. 15. Schöner alter Druck mit der ersten Adresse des C. J. Visscher.

Jan Vorstermans, v. Bommel.

826. Zwei weibliche Gestalten schreiten bei Fackellicht durch einen Wald. Unholde entfliehen. Vorn rechts ein Eremit mit Laterne. Rad. 1661. 4. Aeusserst selten.

L. Vorsterman.

827. P. de Jode. A. van Dyck p. f. Guter Druck nach G. II.

828. Dasselbe. Sehr schöner I. Druck, leider im Schriftrand abgeschnitten.

J. Wandelaer.

829. Herm. Boerhave. Halbfigur. fol.

W. Walker.

830. Rich. Owen, Prof. Brustb. H. W. Pickersgill p. Mezzotinto. fol. Sehr schöner Proefdruck mit Nadelschrift.

A. Walker.

831. Law. Gelehrter einen Brief lesend. A. van Ostade p fol. Sehr schöner Druck.

832. Physick. Der Urindoctor. Gegenstück. Idem p. fol. Ebenso.

W. Walker.

833. A flamish Entertainment. Holländ. gesellige Unterhaltung. E. van Herp p. gr. qu. fol. Schöner und seltener Druck vor der Schrift.

J. Watson.

834. Ungenanntes Portrait eines jungen Gelehrten am Schreibtisch. J. Reynolds p. Schwarzkunst. fol. Vorzüglicher Druck vor der Schrift.

F. E. Weirotter.

835. 4 Bl. Die Jahreszeiten nach J. van Goyen. Landschatten mit Staffage. Rad. qu. fol.

836. 4 Bl. Dieselben. 3 Bl. sehr seltene Aetzdrücke.

H. Wierex.

837. Dr. Franc. Maelson. Halbfigur. 8. Selten.

J. Wierex.

838. D. Alvarus Nonius. 1586. Brustbild. Oval 8.

J. G. Wille.

839. Musiciens ambulants. C. W. E. Dietrich p. gr. f. Le Blanc 52. Alter Druck, jedoch bereits etwas grau.

840. Agar presentée à Abraham. Idem p. gr. q. f. Le Bl. 1.

841. Bons amis. A. van Ostade p. kl. fol. Le Bl. 56. Schöner Druck.

842. Tricoteuse hollandaise. F. Mieris p. f. Le Bl. 64. Ebenso.

843. L. Phelypeaux, Comte de St. Florentin. L. Tocqué p. gr. fol. Le Bl. 124. Prächtiger Druck vor dem Prädicat „Ministre."

844. F. Quesnay, in seinem Studierzimmer sitzend. J. Chevalier p. gr. fol. Le Bl. 138. Vorzüglicher Druck und selten.

845. Derselbe, der kleine Quesnay. Idem p. 8. Le Bl. 139. Schöner Druck mit der ersten Inschrift.

846. Cl. Nic. le Cat, Chirurg. Thomiers p. 4. Le Bl. 137. Schöner und seltener I. Druck mit der vierzeiligen Unterschrift.

847. F. Chicoyneau. P. le Sueur p. 4. Le Bl. 140. Ohne Plattenrand.

J. de Wit.

848. 1 Bl. Genienspiele. Rad. 4. Zweite Drucke mit Basan's Adresse.

849. Maria mit dem Kinde. 4. Fleckig.

P. Woeiriot.

850. Phalaris im glühenden Stier. kl. fol. R.-D. 207. Sehr
schöner Druck.

W. Woollett.

851. The cottagers. C. du Sart p. gr. fol. Schöner Druck
mit erster Adresse.

852. Abendlandschaft mit der Schafheerde auf der Brücke.
G. Smith of Chichester p. kl. qu. f. Schöner Druck.

F. Wrenk.

853. F. Jos. Gall, Phrenolog. C. Escherich p. Schwarzkunst. fol.

Th. Wyck.

354. Die Köchinnen am Brunnen. 4. B. 13.

P. Zaenredam.

355. Schloss Berkenrode. qu. 8. Zart radirt und selten.

M. Zasinger.

356. Marie mit dem Kind bei dem Springbrunnen sitzend. gr. 4.
B. 2. Guter späterer Druck.

357. Die Entführung. 4. B. 19. Späterer Druck.

C o n v o l u t.

358. 22 Bl. Diverse Kupferstiche, meist verschnitten oder beschädigt.

K u p f e r w e r k e.

359. Scènes de la vie des Peintres de l'école flamande et
hollandaise. Par Madou. Bruxelles 1842. gr. f. Schönes
Werk mit 20 Lithographien auf chinesischem Papier
und mit zierlichen Textvignetten.

360. Album van (24) Photographien naar Schetsen en Teekeningen
van levende (hollandsche) Meesters. Uitgegeven by Ch.
Binger & C. to Haarlem. fol. qu. fol. in Mappe mit Goldpressung. Schönes Werk.

361. Album opgedragen aan H. M. de Koningin der Nederlanden,
van hollandsche en belgische Kunst-Schilders. 3 Hefte
mit 18 Lithographien auf chines. Papier. fol. in Mappe.
2 Bl. wasserfleckig.

362. Paris et ses environs 1858. Grand Album représentant
les vues et les monuments etc. 41 Bl. Lithographien in
Farbendruck. qu. fol. Leinwandband mit Goldpressung.

363. Tafereelen geschilderd door G. de Lairesse in de Raads
kamer van den Hove van Justitie te Amsterdam. 7 Kupf.
nebst Text, gest. von Duflos und Tanjé. Amsterdam 1737. f.

364. Tableau de Paris par E. Texier, ouvrage illustré par
500 Grav. en bois. 2 Tomes. Paris 1852. fol. Halbleinen-
wand mit Goldschnitt. Interessantes Werk.

865. Source of the Thames. Die Themse-Ansichten. 75 Bl. Stahlradirungen von W. B. Cooke. qu. foL Schönes Exemplar. Halbfranzbd. mit Goldschnitt. Nebst Text.

866. Verzameling der merkwaardigste Gebouwen in het Konigrijk der Nederlanden door P. J. Goetghebuer. Gent 1825. gr. f. 122 Kupf. in Aquatinta nebst Text. Halbfranzbd.

867. Sammelband mit 83 Kupferstichen als: die Folge der Capitano de Baroni, J. Callot inv. F. de Wit exc. 4. — Die Folge: Siet t'verwarde Gaerens ent. nach P. Quast von S. Savery. 4. — Die Folge: Jan Hagels Compagnie. F. de Wit exc. 12. — Die Folge der Krüpplertänze vom Meister Cor. Met Bartsch 3—14. 12 Bl. in späteren Drucken. Pgtband.

868. Historische Lobrede und Leben des B. Picart, Zeichners und Kupferstechers. 3½ Bogen nebst Portrait. fol.

869. Icon durae matris ex capite foetus humani etc. praeparatum a F. Ruyschio, delin. et coloribus impressa a J. Ladmiral. Amsterdam 1738. 4. Geh.

870. Dasselbe.

871. Dasselbe 2 Mal. 1 Exemplar fleckig.

872. B. S. Albini dissertatio de arteriis et venis intestinorum hominis, adjecta icon coloribus distincta par Ladmiral. Leiden 1736. 4. Geh.

873. Effigies penis humani — proprio colore typis impressa à J. Ladmiral. Leiden 1741. 4. Geh.

874. Dasselbe. Wenig fleckig.

875. Icon membranae vasculosae praeparatum a F. Ruyschio, et coloribus distincta typis impressa a J. Ladmiral. Amsterdam 1738. 4. Geh.

876. B. S. Albini dissert. secunda de sede et causa coloris Aethiopum. Accedunt icones coloribus distinctae par Ladmiral. Leiden 1737. 4. Geh.

877. 38 Bl. Treur Toonneel der doorluchtige Mannen. Schreckliche Todesscenen vornehmer Personen. J. Luyken sc. 4. Interessante Folge.

Dritte Abtheilung.

J. Achard.

878. Im Park von Raincy. Rad. 4. Schöner Druck auf chines. Papier.

P. Adam.

879. 5 Bl. Landsch. mit Bauernhütten und Figuren in jeder Ecke. Rad. qu. 8. Selten. Das Titelblatt fehlt.

880. 3 Bl. aus der Folge der Seehäfen, mit reicher Gebäudestaffage. Rad. qu. 8. Selten. Vor den Nummern.

J. Walter van Assen.

81. Die wunderbare Kraft des h. Sacraments. Holzschn. 1518. Mit 6 holländ. Versen unten. 4. Sehr selten. Fehlt B. und P. Alt colorirt.

R. van Audenaerde.

82. Isaak's Opferung. C. Maratti del. gr. fol. Schöner Druck vor Frey's Adresse.

A. Baader.

83. 6 Bl. Köpfe, nach G. F. Schmidt. Rad. 8.

J. Bacheley.

84. Vue des environs d'Utrecht. J. Ruysdael p. qu. fol. Schöner Druck.

Major Bagelaar.

85. 2 Bl. flache Landsch. mit hügeligen Gründen. Rad. qu. 8.

W. Baillie.

86. Le paysan sans Souci. A. van Ostade. p. Rad. 4.
87. Isaak's Opferung. Rad. 4. Selten.

H. Bary.

88. Zwei sich um einen Apfel zankende Kinder. A. van Dyck p. fol. Sehr schöner Druck.

A. Bartsch.

89. Der Meister selbst. Brstbd. 1783. Rad. 4.

J. P. le Bas.

90. 2 Bl. Prise du héron. Départ de chasse. C. van Falens p. qu. roy. fol. Hauptblätter. 1 Bl. an der Luft eine kleine Reibung.

P. F. Basan.

91. La femme rusée. C. Bega p. gr. fol. Ohne Plattrd.

J. F. Bause.

92. Die fleissige Hausfrau. G. Dow p. fol. Schöner Druck.

C. Bega.

93. Das verliebte Bauernpaar. 8. B. 25. Schöner Dr. mit Rand.
94. Der Bauer im Mantel. 12. B. 10. Später Druck.

J. Bekkers.

95. Brustbild einer alten Frau. Rad. 1857. 8.

St. della Bella.

96. Ruhe auf der Flucht in Aegypten. 4. Schöner II. Druck mit Mariette's Adresse.

J. Bemme.

97. Der lesende Gelehrte bei Licht. M. Versteegh p. qu. fol. A. 5. Schöner Druck vor der Schrift.
98. Der Bäckerladen. J. Steen p. gr. fol. A. 4. Vorzüglicher Druck vor der Schrift. Ohne Plattenrand.
99. Dasselbe Blatt in gleichem Etat, die Schrift mit Bleistift im Rand eingeschrieben.

900. Reiter überfallen einen Trainzug. D. Laugendyk p. gr. qu. fol. Schöner Druck vor der Schrift.

W. Bemmel.

901. 2 Bl. Die kleinen Landschaften. Rad. 8. Imitationen in Bemmel's Geschmack von B. Weiss in München.
902. Ausgedehnte Landsch. mit einem Steg im Mittelplan qu. 4. Ebenso.

F. C. Bierweiler.

903. 6 Bl. Thierstudien. Rad. 4.

P. van Bleeck.

904. Griffin and Johnson in the Character of Tribulation and Ananias. Schwarzk. gr. fol. Schöner Druck.

A. Bloemaert.

905. Die Landschaft mit dem Bauer, der die Kuh melkt. Rad. qu. fol. A. 3. Schön und sehr selten.
906. 3 Bl. Die heil. Familie. Maria mit Kind. St. Joseph Halbfig. Clairobscurs. 8. Selten.

C. Bloemaert.

907. Der Geiz, Geld zählende Alte. A. Bloemaert p. gr. 4 Schöner Druck.
908. 2 Bl. Der Bauer mit dem Hahn. Die Alte mit dem Licht Idem u. G. Honthorst p. 4. 1 Bl. remargirt.

Floris Baltesers (Goldschmidt).

909. 2 Bl. Reiche Ornamente: Schaalenverzierung und Vasen profile. 1596. qu. 8. Sehr selten.

S. à Bolswert.

910. Ignaz St. Loyola und die Madonna. G. Seghers inv fol. Schöner Druck.

Rol. van Bolten.

911. Reiches Dorffest, Zechende und Tanzende. 1600. gr. qu fol. Seltenes Blatt eines wenig bekannten zr Amsterdam lebenden Meisters. Risse wegen aufgez
912. 4 Bl. Die Evangelisten in ganzen Figuren. fol. Selten Etwas grau.

H. van der Borcht.

913. Die Flucht nach Egypten. Paul Veronese inv. Rad fol. A. 2. Alter Druck.

Elias van den Bossche.

914. Die Himmelskönigin auf dem Halbmond. A. Bloemaer inv. fol. Selten. Scharf beschnitten und schwach fleckig

S. Bourdon.

915. Die heil. Familie. 8. Fehlt R.-D. Schön und selten

P. Breughel.

916. Aufzug der h. drei Könige. Groteske. Holzschn. 1566 qu. fol. Sehr selten.

P. Brill.
917. Gebirgige Flusslandschaft, in Rom rad. 1590. qu. fol. Alter Druck. Selten.

Barb. van den Broeck.
918. Das jüngste Gericht. C. van den Broeck inv. fol. A. 3. Scharf beschnitten und etwas fahl.

R. Brookshaw.
919. Thunder Storm. Seesturm. II. Kobell p. Schwarzkunst. gr. qu. fol. A. 3. Schöner Druck. Ohne Rand und leicht berieben.

J. Th. de Bry.
920. 6 Bl. aus der Folge der Jagdbilder nach A. Tempesta. 1598. qu. 8. Beschnitten.
921. 16 Bl. Wappenbüchlein. Verscheydenaerdighe Wapenen en Deckenschilder. T'Amsterdam ghedruckt by Claes Janss Visscher. In de Bry's Manier. qu. 8. Selten und von tadelloser Erhaltung.

A. Calame.
922. Tempelruine in Rom. Radirt. qu. 4. Chines. Papier.
923. Der Weiher am Fuss des Berges. Radirt. kl. qu. fol. Chines. Papier.

J. Callot.
924. 4 Bl. aus der Folge der Landschaften qu. f. M. 1187—98. Schöne I. Drucke, mit Rand.
925. 8 Bl. Landschaften aus einer Folge, in Callot's Geschmack und wahrscheinlich von F. Israel rad. qu. fol. Ebenso.

P. C. Canot.
926. A brisk Gale. Marine in frischer Brise. W. van de Velde p. gr. q. f. Vorzüglicher alter Druck. Ohne Plattenrand.

A. Casembrot.
927. 9 Bl. aus der Folge der Marinen bei Messina, dabei das Titelblatt. Rad. A. 1. Selten. 2 Bl. aufgezogen.

J. Cats.
928. 6 Bl. Die Folge der kleinen holländischen Landschaften. Radirt. qu. 8. A. 1.

Ch. Chalon.
929. Bauernfamilie vor der Hausthür stehend. Radirt. 8.

J. Chalon.
930. 5 Bl. Köpfe und Genrescenen. Geistreich rad. 8. gr. 4. Schöne Drucke.

D. Chodowiecki.
931. 430 Bl. Ein reiches Werk des Meisters, Darstellungen von und nach ihm. Dabei Seltenheiten und unzerschnittene Bogen.

P. Chenu.

932. Le vieilleur hollandois. A. van Ostade p. kl. fol. Wenig fleckig.

L. A. Claessens.

933. Judith. C. Allori p. fol. A. 2. Vor der Schrift und mit der Stempelnummer 17. Chines. Papier.
934. Der Zinsgroschen. M. Valentin. qu. fol. A. 4. Vorzüglicher Druck vor aller Schrift. Ohne Plattenrand.

D. Clouwet.

935. Johannes de Mey. Halbfigur. fol. Schöner Druck.

P. Clouwet.

936. H. Riche. A. van Dyck sc. fol. Schöner Druck mit G. Hendrixs' Adresse.

L. Coclers.

937. 2 Bl. Bettlerpaare. Radirt. 8.

J. Coelemans.

938. Die Jahreszeiten. J. Miel p. qu. fol. Schöner Druck.

A. Coppens.

939. 2 Bl. aus der Folge der Ruinen nach dem Bombardement von Brüssel 1695. Radirt. qu. fol.

M. A. Corneille.

940. Die Flucht nach Aegypten. gr. fol. R.-D. 15. Sehr schöner Druck.

J. Corneille.

941. Susanna im Bade. H. Carracci p. gr. fol. R.-D. 1. Vorzüglicher Druck, mit Plattenschmutz im Rand.
942. Christus erscheint der heil. Theresia und dem Jean de la Croix. gr. fol. R.-D. 9. Trefflicher Druck.

J. L. Cornet.

943. Waldpartie mit grossblätterigen Sumpfpflanzen. Rad. fol. A. 9. Selten. Chines. Papier.

J. Couché.

944. L'Hollandaise sur son stoeb. G. Dow p. kl. fol.

H. W. Couwenberg.

945. Portrait eines Herrn im Lehnsessel. gr. fol. Stockfleckig.

G. Craeyvanger.

946. Der angekettete Kuhkopf. Radirt. 4. Chines. Papier.

R. Crayvanger.

947. Die Köchin bei Soldaten in der Schanze. Radirt. 4. Chines. Papier.

J. van Cuylenburg.

948. 15 Bl. Radirungen aus dem Werk des Meisters: Landschaften, Thiere etc. 4. 8.

C. van Dalen.

949. Rud. Petri, am Studiertisch. A. van Nieulant p. fol.
Prächtiger Druck.

H. Danckerts.

950. Corn. Stacfvenisse. Brustbild. D. Limborg del. Oval.
gr. fol. Sehr schöner Druck.

C. Danckerts.

951. 4 Bl. Die Elemente, durch spielende Genien vorgestellt.
C. Holsteyn inv. kl. fol. Gute alte Drucke.

J. Dasvelt.

952. 8 Bl. Das Werk des Meisters. Thiere in Landschaften.
Sorgfältig radirt. 4. qu. 8. Chines. Papier. 1 Blatt
von anderer Hand. A. 1—7.

J. Daullé.

953. La riboutense hollandaise. G. Metzu p. gr. fol. A. 14.
Fast ohne Plattenrand und mit kleinem gelben Fleck.

F. David.

954. Le vieillard joyeux. A. van Ostade p. kl. fol. Ohne
Plattenrand.

N. Delaunay.

955. La bonne Mère. H. Fragonard p. gr. f. A. 9. Schönes
Blatt in schönem Druck vor Löschnug der Widmung. Im Rand wenig staubig.

A. Delfos.

956. 2 Bl. Die Landschaften mit Hirtenstaffage. N. Berghem p.
gr. qu. fol. A. 2. 3.

W. J. Delff.

957. Caspar Graf v. Coligny. Brustbild. M. Mierevelt p.
gr. fol. A. 11. Ein Hauptblatt in sehr schönem
Druck.

J. W. van Dielen.

958. 4 Bl. Kleine Landschaften. Hübsche Radirungen. 8.
A. 3. 4. 5.

C. W. E. Dietrich.

959. Die kleinen Wasserfälle von Tivoli. qu. 8. Link 153. Sehr
seltener I. Druck, fast reiner Aetzdruck.

960. Die Fischerhütten am Wasser. qu. 8. L. 154. Schöner
Druck vor der Nummer.

961. Die grossen Wasserfälle zu Tivoli. fol. B. 157. Ebenso.
Aufgezogen.

962. Die Landschaft mit dem heil. Franz. fol. L. 162. Guter
Druck nach der Nummer.

L. F. Dubourcq.

963. 2 Bl. Christus und die Samariterin. Dido und Aeneas.
Radirt. 4.

C. Dusart. (Nach ihm.)

964. 4 Bl. Rauchender Bauer, rauchende und trinkende Bäuerinnen. W. de Broen exc. fol.

G. Edelinck.

965. Ferdinand Bischof von Paderborn. Büste mit allegor. Umgebung. C. le Brun inv. fol. R.-D. 203. Vorzüglicher I. Druck vor den Worten E Typographia regia.

Jos. English.

966. Portrait des Malers W. Dobson. fol. Geistvolle Radirung in schönem Druck mit der Adresse. Ausserordentlich selten. Eines kleinen Risses wegen geschickt und leicht aufgezogen.

F. Ertinger.

967. Die Eroberung von Cambray 1677. A. F. van der Meulen del. roy. fol.

F. Floris.

968. Zwei Genien auf Seeungethümen. Radirt kl. qu. fol. Beschnitten und gebräunt. Dem Meister zugeschrieben, doch wohl eher von Farinati.

H. Fock.

969. 12 Bl. Folge von kleinen Landschaften. Radirt 8.

970. 7 Bl. Zes Landschappen naar t' leeven geteckend. qu. 8. Ohne Lüfte.

971. 8 Bl. Die Landschaften, dem Kunstfreund J. Kuyper dedicirt. 1801. 4.

972. Landschaften mit grossen Bäumen, links bei einem Thor eine Frau mit Wassertrage. fol.

J. Folkema.

973. Die Marter der Apostel Petrus und Paulus. N. del Abbate p. Dresd. Gall. gr. fol. Alter Druck.

974. 2 Bl. Der segnende Heiland und andere Darstellung nach G. Bellini und F. Francia. Dresd. Gall. gr. fol. 1 Blatt vor der Nummer.

975. Der Urindoctor. C. Netscher p. Gall. Brühl gr. fol. Alter Druck.

A. Francia.

976. Oede Landschaft mit einem Weg der sich um einen Sandhügel krümmt. Radirt qu. fol. Chines. Papier.

J. de Gheyn.

977. Der Schütze und das Milchmädchen. gr. fol. Ein Hauptblatt in schönem Druck. Fleckig und Risse restaur.

Mlle. Girard.

978. Maria mit dem Kind und der die Laute spielende Engel, nach A. Scheffer. 1836. Radirt fol. Chines. Papier.

H. Goltzius.

979. Herkules erschlägt Cacus. Clairobscur. gr. fol. B. 231. Sehr schöner Druck dieses Hauptblattes.

H. Goudt.

980. Der Engel mit dem jungen Tobias durch den Euphrat schreitend. A. Elzheimer p. 4. Guter Druck. Ohne Plattenrand.

V. Green.

981. St. Johannes mit dem Lamm. Murillo p. Schwarzkunst. gr. fol. Schöner Druck vor der Schrift.

982. Die Dorfschule. Reiches Bl. J. Steen p. gr. qu. fol. Ebenfalls vor der Schrift. Fast ohne Plattenrand.

C. O. van der Grient.

983. 2 Bl. Waldige Flusslandschaften. Rad. 4. Tonpapier.

G. Grypmoedt.

984. 2 Bl. Landschaften mit Bauernhütten und Figuren. Radirt. 1780. 12.

Ant. van der Haer.

985. Holländ. Kanallandschaft mit Schlittschuhfahrern. A. van de Velde p. qu. fol. Selten.

986. 2 Bl. Landschaften mit Bauernhütten. J. Ruysdael del. Radirt. qu. fol. Selten.

R. Havel.

987. 3 Bl. Die Abreise der 12 holländischen Kauffahrteischiffe von Portsmouth Harbour 2. Juni 1833. J. Schetky p. Aquat. qu. roy. fol.

J. Heenck.

988. Die alte Bauernhütte bei der Kirche. Radirt. qu. fol. Selten. Etwas fleckig.

G. de Heer.

989. Der Tanz um den Maibaum. Radirt. gr. qu. fol. Alter Druck, aber bereits fahl.

N. de Helt-Stokade.

990. Susanna und die Alten. Rad. q. f. K. 3.*) Selten. Fahl.

C. Hess.

991. Christus unter den Schriftgelehrten. G. Honthorst p. gr. f.

992. Dasselbe. Ohne Schrift.

H. Holbein.

993. 9 Bl. Portraits und Köpfe nach Handzeichnungen in lithogr. Kreidemanier meisterhaft ausgeführt von Bargue. Aus dem Cours de dessin. Paris chez Goupil. fol. 1 Bl. nicht von Holbein.

---

*) Le Peintre Graveur hollandais et flamand. Par J. Ph. van der Kellen. Utrecht 1868.

W. Hollar.

995. Die beiden Bauernhäuser auf dem Hügel. J. van Artois p. qu. fol. P. 1205. Schöner Druck mit erster Adresse.
996. Der Jäger. L. de Vadder inv. qu. fol. J. 1224. Ebenso.
997. Dasselbe. Zweiter Druck mit C. Galle exc.
998. Der Reiter. J. Wildens p. qu. fol. P. 1226. Schöner Druck mit erster Adresse.
999. Die beiden Männer am Waldrand. J. van Artois inv. qu. fol. P. 1212. Sehr schöner I. Druck.
1000. Die Marktgänger. J. Breughel inv. qu. fol. P. 1217. Schöner Druck mit erster Adresse.
1001. Bei Antwerpen. S. Vranex inv. qu. fol. P. 823. Schöner II. Druck vor Galle's Adresse.
1002. Die Abtei Groenendael. qu. fol. P. 849. Guter alter Druck vor Drevet's Adresse.
1003. Louving in Irland. B. Peters del. qu. fol. P. 1090. Sehr schöner I. Druck. Unbedeutend fleckig.
1004. Die Anbetung der Könige im Schnee. A. Braun inv. qu. fol. P. 97. Selten. Moderfleckig.
1005. Junge Frau mit perlenbesetzter Haube. H. Holbein del. 4. P. 1550. Schöner Druck. Ohne Schaden aufgezogen.
1006. Lachender männlicher Kopf. F. Biler del. 12. P. 1528. Selten.
1007. Anderer Kopf mit dicken Haaren. Idem del. 12. P. 1529. Schön. Unbedeutend fleckig.
1008. 2 Bl. Männliche Köpfe, ersterer nach Screta. 12. P. 1643. Selten.
1009. Muffe und Putzsachen. qu. fol. P. 1951. SchönerDruck. Scharf beschnitten.
1010. Der Häher. qu. 8. P. 2159. Sehr schön.
1011. Der Wasservogel. qu. 8. P. 2160. Guter Druck.

C. Holsteyn.

1012. Bacchus an der Spitze seines Gefolges. C. Holsteyn del. Radirt. fol.

M. Hondekoeter.

1013. Geflügel aller Art im Vorgrund eines Parkes. Schwarzkunst. qu. fol. Schöner Druck.

F. H. van den Hoove.

1014. J. C. Dienar, Chirurg zu Amsterdam. Kniestück. C. Visscher del. gr. fol. Sehr schöner Druck und selten.

J. Houbraken.

1015. Peter I. Kaiser von Russland. Brustbild. C. de Moor p. fol. Schöner Druck.
1016. Der Herzog von Argyle. Brustbild. f. Vor der Schrift.

C. Jegher.

1017. Die Versuchung Christi. Rubens del. Holzschnitt. gr.
qu. fol. Vorzüglicher alter Druck.

Meinert Jelissen.

1018. Abraham und Melchisedek. Figurenreiche Composition
in gebirgiger Landschaft. qu. roy. fol. Selten. Remargirt und gebräunt.

J. de Jongh.

1019. Joh. de Mey, Theolog und Mediciner. Halbfigur. Z.
Blyhooff p. fol. Schöner Druck.

F. R. Ingouf.

1020. Le portrait de G. Dow, im Fenster geigend. G. Dow p.
fol. Im Rand brüchig und ein kleiner gelber Fleck.

Karolus.

1021. Christus trägt das Gleichniss vom Sämann vor. L. Lombardus inv. qu. fol. Fleckig und remargirt.

D. van der Kellen.

1022. 5 Bl. Badirungen, Genrescenen. 4. 3 Bl. chines. Papier.

W. Kilian.

1023. 3 Bl. Pharmacia. Chirurgia. Diaeta. C. van Oort inv.
Aus einer Folge. 4.

P. Kints.

1024. Der Tod des heiligen Rochus. A. Sallaert inv. 1635.
Holzschnitt. fol. Aus Börner's Sammlung. Selten. Auf
blauem Papier.

J. Kobell.

1025. Die nach links liegende Kuh. Radirt. qu. fol. Guter
neuer Druck.

H. Kobell.

1026. Die Hütte am Kanal. Mondschein. Radirt. qu. fol.
Schöner Druck, aber beschnitten.
1027. Dasselbe Bl. vor der Ueberarbeitung und in Tages-
beleuchtung.

W. v. Kobell.

1028. Das Pferderennen auf der Theresienwiese in München
1811. Radirt. gr. qu. fol. A. 1. Sehr seltener Druck
auf chines. Papier, deren nur 4 gezogen wurden.

G. Lairesse.

1029. Das Bacchanal mit der Tamburintänzerin. Reiche Composition. Rad. gr. qu. fol. Sehr schöner I. Druck.

P. Langendyk.

1030. 12 Bl. Die Folge der Bettler und Krüppel. P. Bar-
biers del. Rad. 8. Selten.

D. Langendyck. (?)

1031. Der reitende Müller bei der am Wege ruhenden Bauernfamilie. Rad. fol. Wenig fleckig.

R. Lane.

1032. Little red-riding-Hoot. Junges Mädchen im Vorgrund
eines Gehölzes. Th. Lawrence p. f. Schöner Druck.
Am Rand ein kleiner Tintenfleck.

G. Leone. (Leeuw.)

1033. Die Heerde mit dem Pferd. qu. fol. Kellen 4. Fleckig.

1034. Kleine Landschaft mit Gebäuden. qu. 8. K. 22.

L. van Leyden.

1035. St. Hieronymus. qu. 8. B. 114. Die Ecken rund verschnitten.

1036. Der Sündenfall. Holzschnitt. fol. B. 2. Schöner Druck
und selten.

M. Liart.

1037. The merry companions. A. van Ostade p. gr. fol.
Schöner Druck.

Th. de Lubienitzki.

1038. Gebirgige Landschaft mit Ruinen. Rad. qu. f. Selten.

G. S. Lucas.

1039. David und Bathseba. Schwarzkunst. qu. fol.

J. Lys.

1040. Herkules auf dem Scheiterhaufen. Radirt. fol. Sehr
selten. Fleckig und in den Ecken restaurirt.

N. de Man.

1041. 36 Bl. Radirungen, Köpfe, Portraits, Figuren etc. Das
Werk des Meisters. 4. 8. Meist chines. Papier.

C. van Mander.

1042. Ceres ihre Tochter suchend, von der Alten verspottet.
Rad. fol. Selten. Aus Börner's Sammlung.

J. E. Marcus.

1043. 6 Bl. Diverse Darstellungen in Zeichnungsmanier nach
J. Luyken, A. Bloemaert u. A. 4. 8.

J. de Mare.

1044. Die Grablegung Christi. Tizian p. gr. qu. fol. Schöner
Druck vor der Schrift.

Ach. Martinet.

1045. Rembrandt. Brustbild. Se ipse p. ˉfol.

J. Matham.

1046. 5 Bl. aus der Folge der Tugenden, nach H. Goltzius.
4. Alte Drucke.

T. Matham.

1047. J. Lansbergius. Dr. med. Brustbild. J. Mytens del.
fol. Schöner Druck. Aufgezogen.

C. Mattue.

Die Landschaft mit dem Fischer. qu. 8. Fehlt B. Weigel 4. Schön und selten. Restaurirt.

Th. van Meerlen.

Marie Moreau, Dame de Sancy. Halbfigur. fol. Schöner Druck.

M. Merian.

11 Bl. Die Thaten Alexanders des Grossen. A. Tempesta inv. Radirt. 4. Gute Drucke mit vollem Rand.

J. B. Michel.

Boors drinking. A. van Ostade p. f. Schöner Druck.

F. A. Milatz.

2 Bl. Die Sturmlandschaft und die Bauernhütte im Gehölz. Radirt. qu. fol.

C. de Moelder.

Gefäss reich mit Seethieren verziert, in der Mitte Galatea. Radirt und geschabt. gr. fol. Sehr selten.

P. Molyn.

4 Bl. Die Landschaftsfolge. B. 1—4. 4.

P. Moreelse.

Lucretia von ihrer alten Dienerin aufgefunden. Holzschnitt in Clairobscur. qu. fol. Selten.
Amor zwischen den beiden tanzenden Frauen. Ebenso. 1642. qu. fol. Selten.
Amor auf einen Baumstamm gelehnt. Radirt. 4. Dem Meister zugeschrieben.

J. Moyreau.

2 Bl. Alte de Chasseurs. Rendez-vous de chasse. C. van Falens p. gr. qu. fol. Alter Druck.

J. Neeffs.

Titelblatt mit A. van Dyck's Büste, zur Ikonographie, Ausgabe von G. Hendricx. Von A. van Dyck und J. Neeffs. fol. Etwas fahl.

W. van Nieulant.

18 Bl. aus der Folge der römischen Ruinen. Radirt. 4. Schöne alte Drucke.

P. Nolpe.

2 Bl. Trinkende und tanzende Bauern. Aus der Folge. Radirt. qu. 8.

Norblin.

72 Bl. Radirungen. Das Werk des Meisters. Köpfe, Figuren, Heilige darstellend etc. Schönes Exemplar auf chines. Papier.

G. van Nymegen.

14 Bl. Landschaften. Radirt. 4.

R. van Orley.

1065. Allegorische Vermählungsscene. Radirt. fol.

Pannier.

1066. Raphael. Brustbild. Se ipse p. fol. Schöner Druck
1067. Raphael mit aufgestütztem Kopf. Se ipse p. kl. fol.
Epreuve d'Artiste auf chines. Papier, mit der Nr. 16
1068. Phil. de Champagne. Se ipse p. fol.
1069. G. Dow, im Fenster. Se ipse p. fol.
1070. 3 Bl. J. Flaxman, Murillo und Velasquez. fol. 2 Bl. vor
der Schrift. Verschnitten, berieben und stockfleckig.

S. de Passe.

1071. 2 Bl. Verbum autem domini manet in aeternum. Vanitas
vanitatum et omnia vanitas. C. de Passe inv. gr. 4
Sehr schöne Drucke.
1072. Christian Herzog v. Braunschweig. P. Moreelse p. gr. 4.

M. de Passe.

1073. Latona und die in Frösche verwandelten Bauern. A.
Elzheimer p. qu. fol.

C. de Passe jun.

1074. 4 Bl. Die Parabel vom reichen Mann und armen Lazarus.
qu. fol. Alte Drucke.

H. de la Pegna.

1075. Angriff auf die Bergveste Colle dell'Assietta in Piemont
durch die Franzosen 1754. Radirt. qu. roy. fol. Später
Druck.

W. Pether.

1076. Die Malerakademie. J. Wright p. Schwarzkunst. gr. f.
Schönes Blatt in schönem Druck.

J. Peter.

1077. Die heil. Familie mit den beiden musicirenden Engeln.
B. Spranger inv. fol. Selten. Scharf beschnitten.

J. F. Pfeiffer.

1078. 19 Bl. Radirungen, Landschapjes, Ruwientjes etc. 8. qu. 8.

C. Piotti.

1079. Die Geburt Christi. B. Luini p. gr. f. Ohne Plattenrand.

J. B. Le Prince.

1080. Concert vor Zelten. Aquat. 4.

R. Purcell.

1081. Die Garnwinderin. G. Dow p. Schwarzkunst. fol.

H. Quellinus.

1082. Artus Quellinus. Halbfigur. Radirt. f. Schöner Druck.

Rembrandt.

1083. Steinigung des Stephanus. 4. Schöner Druck mit
viel Rand.

A. Rentinck.

1085. Venus und Amor, dem sie den Pfeil genommen hat. C. Vanloo p. Schwarzkunst. 4. Leicht berieben.

M. Ricci.

1086. 25 Bl. Die Ansichten um Venedig, radirt von Fossati, dem Grafen Algarotti gewidmet. qu. fol. Halblwdbd.

Rodermond.

1087. Esau verkauft das Recht der Erstgeburt. Radirt. fol. Zweiter Druck.

1088. Ein Bittender zu Füssen eines orientalischen Fürsten. Radirt. 4. Schöner alter Druck.

G. Roghman.

1089. Das Schloss zu Zuylen. R. Roghman del. Radirt. gr. qu. fol. Schöner Druck, aber beschnitten und kleine Risse unterlegt.

P. Rucholle.

1090. Maria mit dem Kind und anbetenden Engeln. P. van Avont inv. 4. Selten.

Ruischer.

1091. Das Schloss auf dem Hügel am Fluss. Radirt. qu. 4. Sehr selten.

J. Sadeler.

1092. Maria mit dem Kind, in Ornamentbordüre. 4.

H. Saftleven.

1093. 4 Bl. Die Jahreszeiten. Landschaften mit Gebäuden und Figuren. 4. B. 22—25. Schöne Drucke.

A. Sallaert.

1094. 4 Bl. Die Evangelisten, in ganzen Figuren. Holzschnitte. 4. Auf blauem Papier. Mit einigen kl. Wurmstichen.

S. M. Sandrart.

1095. Portrait der Dichterin Patin, in reicher Linienverzierung. Radirt. fol. Leicht gebräunt unten.

P. Scalberge.

1096. Die Vertreibung aus dem Paradies. qu. fol. R.-D. 1.

H. Schaefels.

1097. Seekampf. Rad. gr. qu. fol. Vor der Schrift.

Th. Schaepkens.

1098. St. Martin. Rad. 4. Aetzdruck mit Tusche retouchirt.

M. Schagen.

1099. Christus heilt die Kranken. Titelblatt zum Neuen Testament. Radirt. fol.

Franc. Schelhauer.

1100. Der Stammbaum des Hauses Habsburg bis zu Albert V. herab. 80 Portraits in 10 Reihen. 1620. gr. qu. fol. Sehr selten.

P. Schenk, J. Gole, G. Valck.

1101. 17 Bl. Modische Damen und Herren. Portraits in ganzen Figuren. Schwarzkunst. fol.

G. F. Schmidt.

1102. Christian August, Fürst von Anhalt. A. Pesne p. gr. f. J. 66. Alter Druck.

1103. Niederländische Bauernunterhaltung. A. van Ostade p. fol. J. 160. Vorzüglicher Druck.

J. Schmidt.

1104. 6 Bl. Landschaften. Radirt. qu. 8. 1 Blatt fehlt.

M. Schoevaerdts.

1105. Singende und tanzende Bauern in der Schenke. Radirt. gr. qu. fol. Reiche Composition und selten.

H. Schwegman.

1106. Der vom Blitz zerschmetterte Baum im Haagschen Bosch 1807. F. A. Milatz del. Radirt. gr. qu. fol. Brüchig.

C. van Sichem.

1107. Kopf eines afrikanischen Fürsten. J. Matham del. Holzschnitt. fol. Sehr schöner Druck.

P. van Slingeland.

1108. B. J. van Grevendyck, Kniestück im Lehnstuhl. J. Gole sc. Schwarzkunst. fol. Schöner Druck vor aller Schrift.

D. J. Sluyter.

1109. Rederykers Optogt Rotterdam 1658. J. Spoel p. gr. qu. fol. Schöner Druck.

M. Snyders.

1110. 4 Bl. Heiligenbilder. 8. Aufgezogen.

P. van Somer.

1111. Die heilige Familie. Radirt. fol.

C. Springer.

1112. 2 Bl. Stadtstrassenpartien mit alten Gebäuden. Radirt. fol. qu. fol. Chines. Papier.

W. Steelink.

1113. Die Kinder des Malers. J. Vetten p. gr. fol. Schöner Druck.

J. Stolker.

1114. Die Lautenspielerin. G. Terburg p. Schwarzkunst. fol. Schöner Druck auf chines. Papier.

J. Suyderhoef.

1115. Das trinkende Bauernpaar. A. van Ostade p. fol. Später Druck.

W. van Swanenburg.

1116. 3 Bl. Die Apostel Petrus, Paulus und Judas Ischarioth. A. Bloemaert inv. fol.

1117. St. Magdalena in Busse. Idem inv. fol.
1118. 2 Bl. Frauen bei Schätzen. Idem inv. fol.

H. van Swanefelt.

1119. 2 Bl. Venus entführt Adonis. Venus unterrichtet Adonis in der Jagd. qu. fol. B. 102. 104. Beschnitten.
1120. 2 Bl. St. Hieronymus, und Bileam. qu. fol. B. 109. 111. Ebenso.
1121. Elias in der Wüste. qu. fol. B. 69. Vor Zulegung der Adresse.
1122. Pan und Syrinx. qu. fol. B. 70. Schöner I. Druck. Selten.
1123. Salmacis und Hermaphrodit. qu. fol. B. 71. Ebenfalls seltener I. Druck.
1124. 3 Bl. Die Fischer, die spinnende Hirtin, und die kleine Cascade. qu. fol. B. 77. 78. 80. I. Drucke.
1125. 5 Bl. Der Kardinal, der Gruss, die Wäscherinnen, die Vertheilung des Brodes, das Schloss auf dem Fels. qu. fol. B. 83. 86. 90. 93. 94. Schöne I. Drucke.
1026. Die Flucht nach Aegypten. qu. fol. B. 98. Ebenfalls I. Druck. Mit einer Haarfalte.

B. van Swinderen.

1127. Maria, Königin von England (?). Halbfigur. Radirt. fol. Selten.

P. Tanjé.

1128. Halbfigur einer holländischen Bürgersfrau. Rubens p. Dresd. Gall. fol.

D. Teniers.

1129. Links zwei Häuser, denen ein Bauer zuschreitet, rechts vorn eine Gruppe von drei Bauern. qu. 8.
1130. Das concertirende Bauernpaar. 8.

W. Testas.

1131. Strasse mit Staffage in Cairo. Chromolithogr. qu. fol.

W. J. van Troostwyk.

1132. Die Melkerin. Radirt. 1810. 4. Selten.

J. van Ulfft.

1133. Der Marktplatz zu Amsterdam, mit reicher Staffage. Radirt. gr. qu. fol. Selten. Risse wegen aufgezogen.

Unbekannt.

1134. Schule des Meisters E. S. Der Apostel Mathias. 8. Unbeschrieben und von grosser Seltenheit. Alt colorirt. In der Ecke und unten im Fussboden defekt.
1135. Metallschnitt. St. Benedict. fol. Pass. I. p. 101. Sehr selten.
1136. Hinrichtung der Mörder des Prinzen von Oranien 1623. Radirt. C. B. fec. Unten Verse in Typen. fol.

1137. Der Bauer, der in den Schweinstall gestossen wird, nach
P. Breughel.(?) Radirt. qu. fol.

M. Uytenbroeck.

1138. Hagar in der Wüste. qu. 8. Mit C. J. Visscher's Adresse.
Guter Druck. Wenig fleckig.

G. Valck exc.

1139. 36 Bl. Ganze Figuren in grotesken Costümen, den Be-
schäftigungen derselben entlehnt, der Müller z. B. als
Windmühle etc. fol.

J. van de Velde.

1140. Portrait des Künstlers selbst. J. Matham sc. 4.
1141. C. Leonardi, Arzt zu Amsterdam. P. Zaenredam del.
fol. Schöner Druck. Scharf beschnitten.
1142. B. Paludanus, med. Dr. H. Pot p. fol.
1143. Pet. Scrijver. Brustbild. F. Hals p. 1626. fol. Schöner
Druck. Etwas fleckig.
1144. Joh. Crucius, Pfarrer in Harlem. Brustbild. f. Schöner
Druck.
1145. Joh. Torrentius,'Maler. Brustbild. 4. Fein gestochenes
Blatt. Sehr selten. Unbedeutend fleckig.
1146. P. Goetthem. Halbfigur. P. Zaenredam del. fol.
1147. J. W. Bogaert, Schöffe von Amsterdam. P. Zaenredam
del. fol. Sehr schöner Druck vor dem Namen
des Stechers.
1148. Der Mann mit dem Kinnbacksknochen in der Hand. 4.
Schöner Druck.
1149. Portrait und Marter des C. Musius zu Leiden. qu. fol.
Dem Meister zugeschrieben.
1150. 4 Bl. Die Geschichte des jungen Tobias. M. Uytenbroeck
inv. qu. fol. Schöne Drucke mit Visscher's Adresse.
1151. 4 Bl. aus dieser Folge. 1 Bl. doppelt, 2 Bl. schön, aber
scharf beschnitten.
1152. 5 Bl. Die Geschichte des Propheten Jonas, nach W.
Buytenweg. kl. fol. 1 Bl. doppelt. II. Drucke mit
Visscher's Adresse.
1153. St. Franciscus. Idem inv. kl. fol. Mit F. de Wit's Adresse.
1154. 2 Bl. Der Mann mit dem Rummelpot und Dudelsack.
kl. fol. Mit Visscher's Adresse.
1155. Christus verlangt von den Jüngern eine Eselin, um in
Jerusalem einzuziehen. qu. fol. Im Rand etwas moderfl.
1156. Das Schloss zu Kleef. P. Zaenredam del. gr. fol.
Feines Blatt.
1157. Der Bauerntanz im Freien. qu. fol.
1158. 4 Bl. Die Elemente. W. Buytenweg inv. qu. fol.
Gute alte Drucke. Die Adresse ausgekrazt.

1159. 4 Bl. Die Elemente mit dem Kanonenschuss. Idem inv.
qu. fol. Mit erster Adresse von Visscher, doch
bereits etwas fahl.

1160. 4 Bl. Die Jahreszeiten. Schöne Landschaften mit Gebäuden und Staffage. qu. fol. Schöne II. Drucke
mit G. Valck's Adresse.

1161. Die Folge der grossen Jahreszeiten mit reicher Staffage
aus dem Bauernleben. gr. qu. fol.

1162. Reisende von Räubern überfallen. E. van de Velde
inv. gr. qu. fol. Schöner Druck. Im Schriftrand ein
kleiner brauner Fleck.

1163. 4 Bl. Landschaften nach G. van der Horst. qu. fol.
Scharf beschnitten und aufgezogen.

1164. 12 Bl. Die Monate. Reiche Landschaften mit entsprechender Staffage. qu. fol. Hauptfolge in schönem Druck.
2 Bl. in der Ecke wenig restaurirt.

1165. 10 Bl. aus einer andern Folge der Monate. qu. fol.
Fleckig und zum Theil beschädigt.

1166. Die heimkehrende Heerde. In Goudt's Manier. qu. fol.
Schöner Druck. Etwas brüchig und scharf beschnitten.

1167. 4 Bl. Die Tageszeiten, mit Staffage. Nachtstücke. qu. 8.
Matt.

1168. Die Flucht nach Egypten. Aus voriger Folge. Guter
Druck. Wenig stockfleckig.

1169. 2 Bl. aus der Folge der grösseren Tageszeiten. kl. qu.fol.
1 Bl. sehr schön. Fleckig und beschnitten.

1170. 150 Bl. aus den 5 verschiedenen Theilen der Amoenissimae
aliquot regiunculae. Zum Theil doppelt und mehrfach. 4.

1171. 62 Bl. Landschaften aus verschiedenen Folgen von J.
van de Velde und Cl. J. Visscher. Zum Theil beschnitten und aufgezogen.

1172. 12 Bl. aus der Folge der friesförmigen Landschaften.
qu. fol. 2 Bl. doppelt.

1173. 62 Bl. Diverse Landschaften und holländische Ansichten.

C. Venneman.

1174. Interieur mit der Bäuerin beim Kamin. Radirt. qu. 8.

N. Verkolje.

1175. Das Mädchen im Hemd mit dem Licht. G. Schalken p.
Schwarzkunst. fol. Wessely 27.

G. Verspuy.

1176. Zwei flache holländische Landschaften auf einer Pl.,
dem Maler Rykelykhuysen dedicirt. 4. Chines. Papier.

R. Vinkeles.

1177. Die Zeichnenakademie zu Amsterdam. 1767. qu. fol.
Schöner Druck.

J. van de Vinne.

1178. Die Jäger zu Pferd am Brunnen. Radirt. 4. Auch D.
Maas zugeschrieben.

C. J. Visscher.

1179. Rundgang der Siechen. 1608. kl. qu. fol. Später Druck.
1180. Der blinde Leyermann und die tanzenden Kinder. 1607.
kl. qu. fol. Schöner Druck.
1181. Joh. Calvin, ganze Figur. J. C. Vischer exc. fol. Schöner
Druck.

C. Visscher.

1182. Pabst Alexander VII. fol. Wussin. 2. Schöner I. Druck
mit des Meisters Adresse.
1183. Der Leyermann. A. van Ostade p. fol. W. 161.
Nach der Adresse.
1184. Dasselbe. Ganz grau.
1185. Dasselbe. Verschnitten.

J. de Visscher.

1186. 3 Bl. Der Sturz des Grafen Johann Moriz von Nassau
von der Brücke zu Franecker 1665. gr. fol. Wessely
29—31. Ohne Text und die Ecken abgeschnitten.

S. Vouet.

1187. Die heilige Familie. kl. qu. fol. R.-D. 1. Alter Druck.

J. B. de Wael.

1188. 2 Bl. aus der Geschichte des verlorenen Sohnes. C.
de Wael inv. qu. fol.

A. Waterloo.

1189. 2 Bl. Die Knaben am Ufer des Flusses. Die beiden
Hirten am Fuss des Baumes. 4. B. 36. 37. Schöne
Drucke.
1190. 2 Bl. Die jungen Leute mit ihren Hunden. Die Allee
im Gehölz. 4. B. 61. 62. Alte Drucke.
1191. Die beiden Hütten am Fuss des Felsens. 4. B. 76. Selten.
1192. Die Mühle. fol. B. 119. Alter Druck.
1193. Der im Fluss trinkende Hund. fol. B. 120. Sehr
schöner Druck von grosser Klarheit und Reinheit.
1194. Die beiden ruhenden Reisenden. fol. B. 123. Schöner
Druck von grosser Kraft.

J. Watson.

1195. Die Briefschreiberin. G. Metzu p. Schwarzkunst. gr. f.
Vorzüglicher Druck vor der Schrift.

A. Watteau. (Nach ihm.)

1196. Officiere mit ihren Frauen im Freien. Geistreich rad.
qu. fol. Vor aller Schrift.

H. Wiercx.

1197. 4 Bl. die Evangelisten in Landschaften. kl. qu. fol. Aufgez. und fleckig.

1198. 2 Bl. Casus hominis. Excitatio hominis. Allegorien. A. B. Francken inv. qu. fol. Schöner Druck. Aufgez. und 1 Bl. mit zwei Wurmlöchern.

J. G. Wille.

1199. Instruction paternelle. G. Terburg p. gr. fol. Le Blanc 55. Mit wenig Rand und im Schriftrand ein Bruch.

1200. Jeune joueur d'instrument. G. Schalken p. fol. Le Bl. 57. Schöner Druck.

1201. La menagère hollandaise. G. Dow p. fol. Le Bl. 63. Schöner Druck.

1202. Dasselbe Grau.

1203. Tante de G. Dow. G. Dow p. fol. Le Bl. 60. Grau.

1204. Dasselbe. Schöner und seltener Druck vor der Schrift.

T. van der Wilt.

1205. Dirk Scholl, Organist zu Delft. Schwarzkunst. fol. Selten.

C. Wouters.

1206. 4 Bl. Ansichten aus Rom. Radirt. gr. qu. fol.

Th. Wyck.

1207. Der Brunnen bei der Colonnade. qu. 8. B. 8. Schöner Druck.

F. van den Wyngaerde.

1208. Die Bauern am Kamin. Le soir. D. Teniers p. Radirt 8. Schöner Druck vor der Unterschrift.

P. Zaenredam.

1209. 2 Bl. Die Schlösser zu Berkenroe und Assumburg. 4. Schön und zart radirt. Selten.

A. van Zylvelt.

1210. Claas van Daalen, Chirurg zu Amsterdam. Kniestück. f. Schöner Druck.

Convolut.

1211. 34 Bl. diverse Kupferstiche und neuere Holzschnitte.

Handzeichnungen und Aquarelle.

G. Sanders.

1212. Eine an einer Rebe hangende grosse Weintraube. Im Grund Parkansicht. Schön ausgeführt in Gouache 1757. fol.

H. Kobell.

1213. Marine mit Fischerbooten. Gute Sepiazeichnung. qu. fol.

1214. Marine mit Kriegsschiff und andern Fahrzeugen, nach L. Bakhuysen. Ebenso. qu. fol.
1215. Seegefecht mit auffliegendem Brander. Farbige Tusche 1777. qu. fol.
1216. Marine mit Fischerkähnen, nach Dubbels. Sorgfältig in Tusche. qu. fol.
1217. Ruhige See mit Kriegsschiffen auf der Rhede 1774. Schöne Tuschzeichnung. qu. fol.

J. de Beyer.

1218. Schloss Emryk. Aquarelle. kl. qu. fol.
1219. Kirche zu Persingen bei Nymegen. 1752. Tusche. 4.

Van Loo.

1220. Flache holländische Flusslandschaft mit Bauernhaus vorn in Gebüsch. Hübsche Aquarelle. qu. fol.
1221. Holländische Gegend mit Figuren und Vieh. Ebenso. qu. fol.

N. J. Visscher.

1222. Windmühle bei Harlem. Feder. 4.

J. Steen.

1223. Der Arzt bei der kranken Frau. Hübsche Zeichnung in rother Tusche. Mit dem Namen. 4.

A. Delfos.

1224. Ein Todtenkopf in einer Nische, nach A. Dürer. Sorgfältig in farbiger Kreide. fol.

Unbekannt.

1225. 2 Bl. Waldgegenden mit grossen Bäumen und Hütten. Sehr schöne holländische Zeichnungen von meisterhafter Ausführung in Tusche. gr. qu. fol.

R. Lafage.

1226. Scene aus dem Sturz der Giganten. Lebendige Federzeichnung. fol.

Jacoba Schorer.

1227. Eine Vase mit Papagei und Blumen. Aquarelle und Gold. 1751. 4.

J. Egenberger.

1228. Eine Orientalin vor einem Greis knieend. Aquarelle 1837. 4.

Unbekannt.

1229. Opernscene mit Herkules, wilden Männern und Soldaten in einem Schiff. Farbige Tusche. qu. fol.

M. Schmidt.

1230. Der Fuchs vom Hahn durch einen Hund verjagt, nach F. Snyders. Schöne Aquarelle.

A. van Beest.

1231. Marine mit zwei Segelbarken. Hübsch ausgeführt in Tusche. 4.

1232. Aehnliche Marine. qu. fol.

E. van Drielst.

1233. Holländische Landschaft mit zwei Bauerhütten in Bäumen, in Bloemaert's Geschmack. Gut ausgeführt in Kreide, Tusche und Sepia. gr. qu. fol.

C. Grabau.

1234. Niederdeutsche Flusslandschaft mit einer Heerde auf dem Ufer. 1843. Schön ausgeführt in Tusche und Sepia. gr. qu. fol.

1235. Landschaftsstudium mit Gewittersturm und flüchtender Heerde. 1838. Farbige Tusche. 4.

D. Munter.

1236. Niederdeutsche Landschaft mit grossen Bäumen und Bauerhütten. Schön und wirkungsvoll . in Sepia und Tusche. gr. qu. fol.

1237. Niederdeutsche Landschaft mit alten Bäumen und einer Heerde. Schön und wirkungsvoll in Sepia. gr. fol.

1238. Aehnliche Landschaft mit zwei grossen Eichen an einem Bach. Ebenso. gr. fol.

1239. Flache Landschaft mit Bauernhütte hinter einem Baum. Sepia. qu. fol.

1240. Studium einer Barke. Tusche. fol.

Raphael da Monte Lupo. Bildh. (1530)

1241. Figurenstudien und architektonische Croquis. Feder. fol.

Convolut.

1242. 8 diverse Handzeichnungen.

Vierte Abtheilung.

Portrait-Sammlung

Von Aerzten und Naturforschern.

Ebenfalls aus der Sammlung des Utrechter Kunstfreundes. Eine reiche und trefflich erhaltene Sammlung mit vielen Hauptblättern, durchweg in schönen und gewählten Abdrücken. Andere ebenfalls ursprünglich in dieser Sammlung befindliche Blätter, wie die von Nanteuil, Masson etc. habe ich unter die Kupferstiche eingereiht, weil diese Blätter sich mehr durch künstlerischen als historischen Werth auszeichnen.

1243. Gal. Abrahamsz., Med. Doc, zu Amsterdam. Brustbild. Anonymer Stich in Suyderhoef's Geschmack. fol.

1244. Will. Hunter. M. D. Halbfigur. J. Toruthwaite del. et sc. 1780. Fein punktirt. Oval fol.

5*

1245. Ant. de Jussieu, Botaniker. Thevenin p. Evans sc. Punkt. Unten Ansicht der Tuillerien. gr. fol.

1246. I. E. Smith, Präsident der „Linnaean Society." Unten das Schiff, das die Linné-Sammlung nach Schweden brachte. Russel p. Ridley sc. Punkt. gr. fol.

1247. G. Baudartius, Pfarrer zu Zütphen. Brustbild in Cartouche. A. Poel sc. fol. Aus dem Buch.

1248. 2 Bl. O. Saviolus. D. de Marchetti, Prof. zu Padua. Brustbild. M. Desbois del. De la Haye sc. 4.

1249. Isb. de Diemerbroeck, Anatom. Halbfigur. R. de Hooghe del. J. Ebeling sc. gr. fol. Faltig und aufgez.

1250. C. Bauhinus, Botaniker. Halbfigur. J. Brun sc. 4.

1251. G. B. Paletta, Anatom, am Tisch sitzend. V. Raggio del. J. Bernardi sc. gr. fol.

1252. Frère J. de Beaulieu, berühmter Steinoperateur. Halbfigur. P. van de Berghe sc. Radirt. Oval fol.

1253. J. A. Borelli. Brustbild. C. Vigneron lith. f. Chines. Papier.

1254. Chomel, Prof. der Klinik zu Paris. Kniest. A. Collette lith. gr. fol. Chines. Papier.

1255. A. van Solingen, Prof. zu Löwen. Brustbild. Hess del. Lemonier lith. gr. fol.

1256. P. v. Scanzoni, Prof. zu Würzburg. Halbfigur. B. Hoefling lith. 1857. gr. fol. Chines. Papier.

1257. W. Krieger-Schumer. Brustbild. H. W. Couwenberg del. J. P. Lange sc. fol. Schöner Druck.

1258. Baumscheidt, Brustbild. H. Meyer lith. 1860. gr. fol. Chines. Papier.

1259. J. Rocquette, Dr. med. zu Harlem. Brustb. H. Schwegman sc. 1805. Schwarzkunst. 4. Selten. Etwas fleckig.

1260. A. Birnbaum, sächs. Hofarzt. Ganze Figur. J. C. Leubuer del. M. Bodenehr sc. Schwarzkunst. fol.

1261. J. G. Volkamer, Physikus zu Nürnberg. Kniestück. G. Fennitzer sc. Schwarzkunst. fol. Schöner Druck.

1262. P. Fleming, Dr. med. Brustbild. A. John sc. Oval 8. Selten. Scharf beschnitten.

1264. J. Barth, Augenarzt. Brustbild. T. Benedetti sc. Oval fol. Schöner Druck vor aller Schrift.

1265. Fracastoro, Arzt, Astronom. G. Longhi del. S. Jesi sc. Oval fol. Schöner Druck mit offener Schrift.

1266. A. Cesalpino. Brustbild. G. Longhi del. F. Ambrosi sc. Oval fol. Ebenfalls mit offener Schrift.

1267. U. Aldrovandi. Brustbild. F. Rosaspina sc. Oval fol. Schöner Druck mit offener Schrift.

1268. G. L. Rumpelt, Chirurg. Brustbild. J. E. Schenau del. C. F. Boetius sc. fol. Schön in Kreidemanier. Aufgezogen.
1269. G. Marechal, franz. Hofchirurg. Brustbild. Fontaine p. J. Daullé sc. 4. Alter Druck.
1270. M. van Geuns. Arzt, Botaniker. Brustbild. L. A. Claessens sc. Punkt. Oval fol. Schöner Druck.
1271. U. F. B. Brückmann, braunschw. Leibarzt. Brustbild. Eich p. D. Chodowiecki sc. 4.
1272. M. Boudewyns, Anatom zu Antwerpen. Kniestück. A. v. Diepenbeck del. P. Clouwet sc. fol.
1273. Loder, Anatom. Kniestück. Tischbein p. J. G. v. Müller sc. gr. fol. Guter alter Druck.
1274. Hufeland. Kniestück. Idem p. F. Müller sc. gr. f. Ebenso.
1275. Linné. Halbfigur. P. Tanjé sc. fol. Schöner Druck.
1276. A. M. J. de Chastenet. Büste an Monument in einem Park. Rad. Marcenay de Ghuy fec. Probedr. vor aller Schrift. Beschnitten und aufgezogen.
1277. W. Hunter. Brustbild. M. Haughton del. B. Smith sc. Punkt. fol. Schöner Druck.
1278. Santorini, Anatom. Brustbild. G. Pastrini sc. Kreidestich. fol. Selten.
1279. A. v. Humboldt, botanisirend. Weitsch p. J. J. Freidhof sc. gr. fol. Ohne Plattenrand.
1280. Joh. Fontanus, Arzt zu Amsterdam. Halbfigur. J. Muller sc. fol. B. 20. Schöner Druck.
1281. J. G. Zimmermann, Arzt, Dichter. Brustbild. Anon. Stich. fol. Selten.
1282. Joh. Phocylides Holwarda, Arzt, Mathematiker. Brustbild. C. de Pas del. 4. Selten.
1283. F. Kühne, Oculist, Steinschneider zu Nürnberg. Halbfigur. J. Sandrart sc. 4.
1284. Ph. J. Sachs von Löwenheimb, Arzt zu Breslau. Halbfigur. J. Lindnitz p. Ph. Kilian sc. fol.
1285. P. Jenisch, Arzt zu Augsburg. Halbfigur. L. Kilian sc. fol.
1286. F. Matthioli, Brustbild. J. Heintz p. L. Kilian sc. 4.
1287. Franc. Bacon, Lord Verulam, Naturforscher. Brustbild. S. Passe p. 4. Selten. Zweiter Druck.
1288. M. Ettmüller, Prof. zu Leipzig. Brustbild. B. Kilian sc. fol. Schöner Druck.
1289. J. de Castro-Sarmento, am Schreibtisch. Pine p. Houston sc. Schwarzkunst. fol. Mit einem Bruch.

1290. Will. Petty. Brustbild. J. Closterman p. J. Smith sc. Schwarzkunst. Oval. fol. Schöner Druck.
1291. W. Cowper, Chirurg. Brustbild. Idem p. Idem sc. Schwarzkunst. gr. fol. Ebenso.
1292. H. Boerhave, Chemiker. Brustbild. G. White sc. Schwarzkunst. fol. Etwas berieben.
1293. E. Platner. A. Graff p. J. F. Bause sc. fol. Schöner alter Druck.
1294. A. Vorstius, Botaniker. Kniestück. G. Petri p. P. Pontius sc. fol. Vorzüglicher Druck. Die Künstlernamen abgeschnitten.
1295. J. Ingenhousz, kais. Leibarzt. Brustb. D. Cunego sc. 4.
1296. P. Camper, Anatom. Brustb. R. Vinkeles sc. 1778. kl. f.
1297. Dasselbe. Beschnitten.
1298. Dasselbe. Nur mit dem Namen des Künstlers.
1299. Dasselbe. Vor aller Schrift.
1300. 3 Bl. Derselbe, kleiner. Idem sc. 8. 2 Bl. doppelt, vor aller Schrift und mit der Schrift in Rothdruck.
1301. Regner de Graaf, Arzt zu Delff. Brustbild. Anonym im Geschmack der Schurman. 8. Schöner Druck vor der Retouche.
1302. Dasselbe mit der Retouche und den kalten Nadelarbeiten im Haar.
1303. Dasselbe. Grau.
1304. J. R. Deiman, Halbfigur, schreibend. G. Ritter p. L. Portman sc. Punktirt. gr. fol. Vor aller Schrift. Ohne Plattenrand und etwas brüchig.
1305. Joh. Duvius, Arzt zu Amsterdam. 1618. Anon. Stich. 4.
1306. Eman. Sweets, Naturforscher. Brustbild in Cartouche. Anonym. fol. Sehr selten.
1307. J. J. Harder, Professor zu Basel. 1657. Brustb. 8. Anon.
1308. J. Ch. D. Schreber, Naturforscher. Brustbild. Kleemann p. J. E. Haid sc. Schwarzkunst. kl. fol.
1309. A. J. Retzius, Professor zu Lund. Brustbild. N. Abildgaard p. J. G. Schmidt sc. fol. Selten.
1310. J. M. Aeppli, Arzt von Diessenhofen. Brustbild. Brunschweiler p. H. Lips sc. Oval 4.
1311. J. Wierus (Weyer), Arzt 1515 86. Brustb. Anonym. 8.
1312. R. Descartes, Philosoph. F. Hals p. J. van Meurs sc. 4.
1313. H. Schultz, Arzt zu Utrecht, † 1789. Kniestück. Van Geelen p. P. H. Jonxis sc. fol.
1314. S. Blancard, Arzt. Brustbild. Anon. in Schwarzkunst. 4.
1315. R. Dodoneus. Brustbild. Anonym. 4
1316. Abel Bruyer, orleanscher Hofarzt. Brustbild. P. Landry sc. 1661. fol. Schöner Druck.

1317. N. Rosen de Rosenstein, schwed. Leibarzt. Brustbild.
P. Bradt (?) sc. fol. Schöner Druck. Mit zwei kleinen
Flecken.

1318. 3 Bl. T. Campanella. H. Cardanus. J. B. v. Helmont.
Brustbilder. C. Mayer sc. Punkt. 8.

1319. 3 Bl. Van Helmont. — Rega. — Palfyn. Brustbilder. C.
Onghena sc. 4.

1320. F. Ruysch, Anatom. Brustbild. J. Pool p. P. Schenk sc.
Schwarzkunst. Oval fol. Schöner Druck.

1321. J. J. Baier, Prof. zu Altdorf. Brustbild. C. Weigel sc.
Schwarzkunst. fol.

1322. Joh. de Coster, Prof. Halbfigur. J. M. Quinkhard p.
J. Houbraken sc. fol. Sehr schöner Druck. Eine
Falte geglättet.

1323. J. H. Degner, Arzt zu Nymegen. Halbfigur. F. Caenen p.
J. Körnlein sc. 1741. fol. Schöner Druck.

1324. Dav. Laigneau, französischer Hofarzt. Brustbild. Boulanger sc. 4. Schöner Druck.

1325. J. M. Lancisius, Leibarzt Pabst Clemens XI., schreibend.
G. Pfautz sc. fol. Beschnitten.

1326. Th. Turquet de Majerne, Arzt. Brustbild. Anonym. fol.

1327. Sam. Garth, Arzt. Halbfigur. G. Kneller p. J.
Faber sc. 1733. Schwarzkunst. fol. Am Rand etwas
berieben.

1328. H. Sloane, Arzt zu London. Brustbild. T. Murray p.
J. Faber sc. Schwarzkunst. fol.

1329. J. Anderson, Physicus zu Madras. Brustbild. J. Smart p.
L. Schiavonetti sc. Punktirt. fol.

1330. P. Th. Werlhof, Arzt. Halbfigur. D. van der Smissen p.
J. J. Haid sc. Schwarzkunst. fol. Schöner Druck.

1331. 2 Bl. B. D. Mauchart. G. G. Richter, Prof. zu Tübingen
und Göttingen. Halbfiguren nach W. D. Mayer und G. D.
Heumann. Schwarzkunst. fol. Schöne Drucke.

1332. G. G. Richter, Prof. zu Göttingen, als Prorector. G. D.
Heumann sc. fol. Schöner Druck.

1333. C. J. Seyler, Arzt in Leipzig. Halbfigur. J. S. Heintze p.
J. M. Berningroth sc. 4. Schöner Druck.

1334. J. R. Spielmann, Professor zu Strassburg. Brustbild. C.
Guérin sc. 1781. fol.

1335. J. G. Leidenfrost, Prof. zu Duisburg. Brustbild. Laar p.
Gebhard sc. Punktirt. 4.

1336. G. von Swieten, Arzt zu Augsburg. Halbfigur. Leupold p.
J. J. Haid sc. Schwarzkunst. fol.

1337. Derselbe. Brustbild. A. de S. Aubin del. N. Pruneau sc.
4. Schöner Druck.

1338. J. v. Quarin, Arzt zu Wien. Brustbild. Tusch p. John sc. Punkt. f. Schöner Druck vor der Schrift.

1339. M. F. Bloch, Naturforscher. Brustbild. A. Graff p. B. II. Bendix sc. 1794. 4.

1340. C. J. Lang, Professor zu Leipzig. Brustbild. Berningroth sc. fol.

1341. 2 Bl. F. Hoffmann, A. E. Buehner, preussischer und pfälzischer Leibarzt. Halbfigur. A. Pesne und J. S. Beck p. Schwarzkunst. fol.

1342. J. C. Gottwald, Arzt zu Danzig. Halbfigur. A. M. Werner p. F. C. Gobel sc. fol.

1343. Herm. Oosterdyk Schacht, Professor zu Leyden. Brustbild. Anon. fol.

1344. Bernh. Albinus, Professor zu Leyden. Brustbild. H. J. Otto sc. fol.

1345. G. W. Wedel, Arzt. Brustbild. P. Schenk sc. Schwarzkunst. Oval fol.

1346. Joh. Doläus, hessischer Leibarzt. Halbfigur. Idem sc. Schwarzkunst. fol.

1347. E. Maynwaringe, Arzt. 1668. R. White sc. 4. Selten. Scharf beschnitten.

1348. C. G. Carisius, Arzt von Schweidnitz. Halbfigur. P. Knehes sc. 1701. Schwarzkunst. fol. Selten.

1349. G. Horst, Physikus zu Ulm. Kniestück. A. Schuch p. J. F. Fleischberger sc. fol.

1350. J. P. Magnus, kais. Leibarzt. Brustbild. E. Sadeler sc. 4.

1351. F. Roncalli Parolini, Arzt zu Brescia. Brustbild. F. Zucchi sc. fol.

1352. F. Dekkers, Arzt zu Leyden. Brustbild. C. de Moor p. P. van Gunst sc. fol. Schöner Druck.

1353. Jac. Roman, Dr. med. Brustbild. P. Schenk sc. Schwarzkunst fol.

1354. L. Schröck, Physikus zu Augsburg. Brustbild. Fisches p. Idem sc. Schwarzkunst. fol. Schöner Druck.

1355. Derselbe. Brustbild. J. Weidner p. Ph. Kilian sc. f.

1356. G. Frank von Frankenau, Leibarzt. Brustbild. J. à Montelegre sc. 4.

1357. H. Meibomius, Professor. Brustbild. J. Sandrart sc. f.

1358. G. Thomasius, Professor. Brustbild. P. Schenk sc. Schwarzkunst. fol. Schöner Druck.

1359. J. A. Unger, Arzt. Kniestück. R. Vinkeles sc. 8. Schöner Druck.

1360. J. C. Ludemann, Dr. med., am Studiertisch. Anon. 4.

1361. 4 Bl. St. Blancard. Vier verschiedene Portraits. C. van Hagen, P. van Gunst u. A. sc. 8.

1362. D. Dodart. Brustbild. Cochin del. H. Watelet sc. 1753. Radirt. 4.
1363. M. Stoll, Arzt, Kniestück. V. Kininger del. Cl. Kohl sc. 1789. 4.
1364. A. de Haen, Professor zu Wien. Brustbild. G. Prohaska del. J. Adam sc. 8.
1365. J. Sims, Arzt. Brustbild. S. Medley p. N. Branwhite sc. Punktirt. 4. Im Schriftrand beschnitten.
1366. E. F. Heister. Professor. Halbfigur. M. Tyroff sc. 4.
1367. Ant. Baron v. Störck. Brustbild. S. H. de Vigiliis inv. J. E. Mansfeld sc. 4.
1368. B. Waterhouse, Prof. Brustbild. R. Reeve sc. Oval 8.
1369. W. Falconer, Arzt. Brustbild. Daniel p. J. Fittler sc. Oval 8.
1370. Fothergill. Brustbild. Cook sc. 1784. gr. 8.
1371. Derselbe. Liwesay p. F. Bartolozzi sc. Punkt. Oval 4.
1372. A. Duncan, Arzt zu Edinburgh. Brustbild. A. Bell sc 1778. 8.
1373. Th. de Mayerne, Halbfigur. W. Elder sc. 8. Selten.
1374. M. Ph. Rouvart, Brustbild. Desrais del. Le Beau sc. 4. Schöner Druck.
1375. J. Raulin, Arzt. Brustbild. Le comte de Cely sc. Radirt. 8. Selten.
1376. J. Senac, Leibarzt, Brustbild. Fossier del. A. B. Duhamel sc. kl. fol.
1377. J. D. Metzger, Prof. zu Königsberg. Anon. 8.
1378. Tissot. Brustbild. Radirt von Pfenninger. Oval 8.
1379. D. Nebel, Prof. zu Heidelberg. Brustbild. G. Lichtensteger sc. 4.
1380. B. Timäus von Guldenklee. Halbfigur. 4. Anon.
1381. S. Scheffer, Arzt zu Frankfurt a. M. Büste. J. A. Boener sc. 4.
1382. J. J. Wefler, Arzt zu Schafhausen. Halbfigur. D. Herrliberger exc. 1748. 8.
1383. Derselbe. Halbfigur. D. Seiler sc. 4. Im Schriftrand wurmstichig.
1384. Luc. von Steveninck, Dr. med. zu Middelburg. P. G. sc. kl. fol. Schöner Druck.
1385. M. J. Hofmann, Professor zu Altdorf. Brustbild. J. C. Fillisch p. G. Lichtensteger sc. 4.
1386. A. von Lebenwald, Arzt. Brustbild. P. Kilian sc. 4.
1387. J. Hofer, Arzt zu Mühlhausen. Halbfigur. D. Herrliberger exc. 8.
1388. J. Oosterdijk Schacht. Brustbild. Pelletier del. Portman sc. Punktirt. Oval 8.

1389. R. Mead, ganze Figur. A. Ramsay p. J. Romney sc. 4.
1390. Derselbe. Kniestück. Idem p. R. Houston sc. Schwarzkunst. fol.
1391. R. Morton, Arzt zu London. Brustb. A. Haelweg sc. 8.
1392. J. Hamon, Professor zu Paris. Brustbild. P. van
Schuppen sc. 1689. 8.
1393. Santorius Sanctorius, Professor. Brustbild. J. Piccini sc.
1659. 4. Schöner Druck.
1394. H. Conringius, Professor. Brustbild. J. C. Böcklin sc. 4.
1395. Derselbe. Brustbild. J. Sandrart sc. fol. Mit Autograph.
1396. H. C. Agrippa. Brustbild. Anon. 8.
1397. F. Walleriola. Brustbild. Holzschnitt mit Versen unten. f.
1398. Paracelsus. Brustbild. P. P. p. S. A. sc. Odieuvre exc. 8.
1399. J. B. Montanus, Arzt von Verona. Brustbild. Anon. 8.
1400. P. M. de Heredia, Arzt zu Lyon. Brustbild mit allegor.
Umgebung. L. Cars sc. fol. Verso Text.
1401. H. Capivacci, Professor zu Padua. Brustbild. Anon. 4.
Verso Text.
1402. J. Riolani, Arzt zu Paris. Brustbild. J. Halbeeck sc.
kl. fol. Verso Text.
1403. J. Crato v. Craftheim. Brustbild. 4. Verso Text.
1404. Ach. Pirmini, Arzt zu Lindau. Brustbild. Anon. fol.
1405. J. G. Langermann, Med.-Rath zu Berlin. Brustbild.
Dähling del. Linger sc. Oval 8. Gebräunt.
1406. J. C. Kraus. Brustbild. Dietrich sc. Schwarzkunst.
Oval 4. Vor der Schrift.
1407. F. van der Breggen. Brustbild. L. A. Koning p. W.
van Senne sc. 8. Vor aller Schrift.
1408. Joh. Majow. Brustbild. Anon. 8.
1409. C. Bennet. Brustbild. P. Lombart sc. 8. Schön.
1410. J. Jessenius v. Jessen. Brustbild. J. Kleinhard del.
J. Balzer sc. gr. 8.
1411. C. Viardet, auf eine Todgeburt zeigend. J. Frosne sc.
1671. fol. Schöner Druck. Ein kleiner Riss unterlegt.
1412. F. Mauriceau, Chirurg zu Paris, Brustbild, mit allegor.
Umgebung. Anon. 4.
1413. Derselbe. L. Boulogne del. E. Picart sc. kl. fol.
Schöner Druck.
1414. A. E. v. Siebold, Professor zu Berlin. Brustbild. F.
Krüger p. Gentili lith. fol. Im Rand leicht gebräunt.
1415. J. Ph. Hagen, Geburtshelfer zu Berlin, Brustbild, mit
seinem Geburtsstuhl. Wagner del. J. C. Krüger sc. 8.
1416. H. Fr. Kilian, zu Bonn. Brustbild. A. Hohneck lith.
fol. Chines. Papier.
1417. Frau Blesendorf (?), Wehmutter zu Berlin. Busch sc. 4.

1418. W. ten Rhyne, Arzt. Brustbild. Sturt sc. 8.
1419. J. A. van der Linden, Professor zu Leyden. Brustbild.
A. van den Tempel del. L. Cossinus sc. gr. 8.
1420. J. Antonides van der Goes, Dichter. Brustbild. P.
Schenk sc. Schwarzkunst. fol.
1421. D. Hoogstraaten, Arzt. Idem sc. Schwarzkunst. fol.
1422. Ger. de Wind, Arzt zu Middelburg. Brustbild. P. M.
Brasser del. P. Tanjé sc. fol. Schöner Druck.
1423. J. Heurnius, Arzt von Utrecht. Brustbild. Anon. 8.
1424. 2 Bl. R. Dodonäus, Brustb. J. Buys del. R. Vinkeles sc.
8. Vor und mit der Schrift.
1425. 2 Bl. C. Gemma, Arzt zu Löwen. Brustbild. Anon. 8.
1426. Hippocrates, Büste nach der Antike. Vauthier del.
Mecou sc. Punktirt. fol.
1427. Gilb. Philaretus, Arzt. Brustbild. Anon. 4.
1428. P. Alpinus, Professor zu Padua, am Tisch stehend.
R. Blockhuysen sc. fol. Etwas faltig.
1429. H. Mercurialis. N. de Larmessin sc. 4. Verso Text.
1430. J. N. Moreau, Chirurg zu Paris. Brustbild. Cochin del.
P. E. Moitte sc. 4.
1431. Derselbe. Idem del. Dupin fils sc. 4.
1432. S. F. Moreau, Prof. zu Paris. Brustbild. C. N. Cochin
del. A. de St. Aubin sc. kl. fol.
1433. Ant. Louis, Chirurg zu Paris. Brustbild. Dupin sc.
1778. 8.
1434. Ant. Petit, Anatom zu Paris. Brustbild. Desrais del.
Le Beau sc. kl. fol.
1435. G. de la Faye, Chirurg zu Paris. Brustbild. Dupin sc.
kl. fol.
1436. Derselbe. Brustbild. E. Vigee p. Cathelin sc. 1704.
8. Schön.
1437. G. Pichault de la Martiniere, Chirurg zu Paris. Brustbild. Desrais del. Le Beau sc. kl. fol.
1438. Le Frère Come, Steinoperateur zu Paris. Brustbild.
Anon. kl. fol.
1439. J. J. Sue, Chirurg zu Paris. Brustbild. Binet del. Le
Beau sc. kl. fol.
1440. Roux, Chirurg zu Paris. Kniestück. A. Collette lith.
fol. Chines. Papier.
1441. W. Fabricius. Brustbild. Anon. 4.
1442. J. Z. Platner, Professor zu Leipzig. Halbfigur. Haus-
mann p. J. M. Berningroth sc. 4.
1443. Derselbe grösser. Idem p. Idem sc. gr. f. Gebräunt.
1444. L. Heister, Professor zu Helmstädt. Brustbild. J. G. Wolf-
gang sc. 4.

1445. J. A. Brambilla, Hofchirurg zu Wien. Brustbild mit Umgebung. Tusch p. J. E. Mausfeld sc. Schön.
1446. Derselbe. J. B. Lampi p. J. Adam sc. 8.
1447. J. C. A. Theden, Generalchirurg zu Berlin. Brustbild. J. C. Krüger sc. 8.
1448. B. Langenbeck. Brustbild. Nach Photographie lith. von P. Rohrbach 1859. fol. Chines. Papier.
1449. J. Taylor, Arzt uud Optiker. Brustbild. P. Endlich sc. 1735. fol. Schöner Druck.
1450. Derselbe. Halbfigur. Chevalier Ryche p. J. Faber sc. Schwarzkunst. fol. Schöner Druck.
1451. J. Forlenze, Oculist zu Paris. Brustbild. Judlin del. Malbeste sc. Oval. kl. fol.
1452. D. van Gesscher, Chirurg zu Amsterdam. Brustbild. R. Jelgerhuis del. B. de Bakker sc. 8.
1453. Derselbe. Maas del. N. van der Meer sc. Rund. 12.
1454. W. Cheselden. Brustbild. Richardson p. Cook sc. 8.
1455. B. C. Brodie, 1841, nach dem Medaillon von W. Wyon in Reliefstich. fol.
1456. G. ten Haaff, Chirurg zu Rotterdam. Brustbild. F. Sansom del. Punktirt. kl. fol. Etwas berieben am Rand.
1457. G. J. Beer, Augenarzt zu Wien. Brustbild. V. Kininger • del. Laurens sc. Punktirt. Oval 8.
1458. K. Himly, deu Staar schneidend. F. Haufstängl lith. fol. Chines. Papier. Im Rand stockfleckig.
1459. B. Besler, Botaniker. Brustbild. J. Leybold sc. Oval. fol. Selten.
1460. Conr. Gessner, Prof. zu Zürich. Brustbild. J. J. Haid sc. Schwarzkunst. 4.
1461. Derselbe. Brustbild. C. Meyer sc. Radirt. fol.
1462. Wouter Schouten, von Harlem. Halbfigur. Anon. 4.
1463. W. Vavasseur, Chirurg Franz I. Brustbild. A. Humblot del. Ravenet sc. 4.
1464. 2 Bl. Lanfranc und J. Pittard, Chirurge zu Paris. Brustb. Idem del. Idem sc. 4.
1465. J. Pittard, Chirurg. Brustbild. C. Dupuis del. sc. 8.
1466. A. Titsingh, Chirurg zu Amsterdam. Brustbild. Quinkhard p. J. Houbraken sc. 4.
1467. Sam. de Lion Benavente, Chirurg zu Amsterdam. M. van Musscher p. P. Schenk sc. Schwarzkunst. fol. Schöner Druck.
1468. R. Silteman, Chirurg zu Amsterdam. P. Schenk sc. Schwarzkunst. fol.
1469. Frère J. de Beaulieu, Steinschneider. Brustbild. A. Pool p. P. Schenk sc. Schwarzkunst. fol.

1470. B. Spinoza, Philosoph. Brustbild. Anon. fol.
1471. J. Locke, Philosoph. Brustbild. G. Kneller p. F. Morellon la Cave sc. kl. fol. Schöner Druck.
1472. Derselbe, jünger. J. Greenhill p. P. v. Gunst sc. kl. f.
1473. Schelling, Philosoph. Brustbild. J. Stieler p. A. Schultheiss sc. kl. fol.
1474. V. Priesnitz, Naturarzt. Kniestück. Gräfin von Rechberg p. H. Dragendorff lith. fol.
1475. Dr. Guggenbühl, und Cretius. 2 Bl. Lith. 8. qu. 8.
1476. C. F. Burdach, Brustbild. H. Langervelt del. F. C. Bierweiler sc. Schwarzkunst. Oval fol. Stockfleckig und etwas brüchig.
1477. 2 Bl. M. Schuppach, Arzt zu Langnau und Marie Flückigger, dessen Gattin. Brustbild. G. Locher p. Ch. de Mechel sc. kl. fol. 1 Bl. ohne Plattenrand.
1478. Ersterer nochmals anders. Paris chez Basan. fol. Selten.
1479. G. A. Agricola, Arzt zu Regensburg. Halbfigur mit Beiwerk. C. L. Agricola p. B. Vogel sc. Schwarzkunst. gr. fol. Schöner Druck.
1480. Jos. Gassner, Wunderdoctor, einen Krüppel heilend. J. M. Söckler sc. kl. fol.
1481. L. Thurneyser zum Thurn, Brustbild in reicher Cartouche. Holzschnitt mit Typentext auf besonderem Papierstreifen. fol.
1482. Rob. Fludd, Alchymist. Halbfigur. Anon. Oval 4.
1483. P. Pomet, Aromatarius zu Paris. Brustbild. A. le Clerc sc. f.
1484. Sam. Dale. Brustbild. Anon. 4.
1485. Orfila, Prof. zu Paris. Kniestück. A. Collette lith. fol. Chines. Papier.
1486. A. Bogaert, Chemiker zu Amsterdam. Brustbild. D. van der Plaas p. A. de Blois sc. 4.
1487. Ders. Halbfigur. G. Kneller p. P. Schenk sc. Schwarzkunst. fol.
1488. Nic. Lemery, Arzt zu Paris. Brustbild. L. Ferdinand p. C. Vermeulen sc. 8.
1489. A. L. de Jussieu, Collas'scher Reliefstich nach dem Medaillon von David. fol.
1490. P. Müller von Harlingen, Prof. zu Groningen. Brustbild. Anon. fol.
1491. Dr. J. L. Schönlein. Brustbild. Nach Photogr. lith. von P. Rohrbach 1859. fol. Chines. Papier. Schöner Druck.
1492. M. H. Romberg, Arzt zu Berlin. Brustbild. F. Krüger p. F. Jentzen lith. gr. fol. Ebenso.

1493. C. G. Selle, Prof. zu Berlin. C. Townley sc. Schwarzkunst. fol. Selten.
1494. J. H. Rahn, Prof. zu Zürich. Halbfigur. Zeller p.
H. Lips sc. fol.
1495. J. P. Frank, am Schreibtisch. Schröder del. C. Pfeiffer
sc. Punkt. fol. Vor aller Schrift.
1496. Derselbe. Brustbild. E. Verhelst sc. 8.
1497. W. A. Haase, Prof. zu Leipzig. Kniestück. Junge del.
Bollinger sc. Punkt. gr. 8.
1498. Fr. Nasse. Kniestück. Schmidt p. Schüller lith. fol.
Chines. Papier.
1499. B. W. Seiler, Arzt zu Dresden. Halbfigur. J. G. Wein-
hold lith. fol. Chines. Papier.
1500. J. W. H. Conradi, Prof. am Tisch sitzend. Anon. Lith.
gr. fol.
1501. Medicinisches Collegium der Wiener Hochschule. Anon.
Lith. qu. fol. Chines. Papier.
1502. J. G. Rademacher, Arzt. Brustbild. Anon. kl. fol.
1503. 2 Bl. J. R. Deiman. A. C. Boun. Brustbild. Vinkeles
und Portman sc. Oval 4. Vor der Schrift.
1504. E. Jenner, Erfinder der Impfung. Kniestück in Landschaft. Anon. in Aquatinta. fol.
1505. Ders. kleiner. J. R. Smith p. P. Anderloni sc.
Punkt. 4.
1506. H. D. Guyot. Brustbild. Quenedey sc. Aquat. Oval 4.
1507. J. E. Doornik. Brustbild. W. van Senus sc. Punkt. Oval 4.
1508. G. Tommasini, Prof. zu Bologna. Brustbild. G. Guizzardi p.
L. Carlini sc. 1826. 4.
1509. Pehr v. Afzelius. Brustbild nach Göthe. Lith. gr. 4.
1510. Thom. Young, Arzt zu London. Kniestück. Th. Lawrence p. G. Adcock sc. Fein punktirt. 4.
1511. A. Portal, Leibarzt zu Paris. Brustbild. J. Boilly del.
A. Boilly sc. Oval fol. Mit Nadelschr. auf chinesischem Papier.
1512. Baron Desgenettes, Militair-Hospitalinspector zu Paris.
Brustbild. Anon. Oval 4.
1513. Petit, Medicin en chef de l'hotel-Dieu. Brustbild.
A. Deveria del 1823. Lithogr. 4.
1514. P. J. van Ravegem, Chirurg zu Antwerpen. Brustbild.
J. de Landtsheer del. A. Cardon sc. kl. fol.
1515. C. M. Billard, Arzt zu Paris. Collas'scher Reliefstich
nach dem Medaillon von David. fol
1516. F. V. Raspail, am Schreibtisch. Lith. 4. Chinesisches Papier.
1517. Fr. Bacon, Philosoph. Brustbild. R. Delvaux sc. 8.
1518. Ders. Brustbild. W. Hollar sc. 4. Grau.

519. R. Descartes, Philosoph. Brustbild. Duhamel sc. 4.
520. Ders. F. van Schooten fec. 8.
521. Ders. S. Bosch. sc. fol.
522. Ders. Ganze Figur am Schreibtisch. Anon. kl. fol.
523. P. Gyöngyössi a Petteny, russisch. Leibarzt, schreibend. C. F. Fritzsch sc. 1753. fol. Schöner Druck.
524. G. Welsch, Prof. zu Leipzig. Brustbild. E. Lüderitz p. P. Kilian sc. fol. Etw. fleckig.
525. John Hill, Botaniker. Halbfigur. F. Cotes del. R. Houston sc. Schwarzkunst. fol.
526. Percivall Pott, Kniestück. J. Reynolds p. C. Townley sc. Schwarzkunst. gr. fol.
527. Ch. D. Beurer, Botaniker. Halbfigur. G. M. Preisler sc. 1745. fol. Schöner Druck.
528. C. II. à Roy, Arzt, am Schreibtisch. R. Vinkeles sc. 1810. fol. Schöner Druck.
529. C. van Swieten. Brustbild. R. Vinkeles sc. 1773. 4.
530. Franc. Rabelais. Brustbild. P. Tanjé sc. fol. Schöner Druck.
531. Marcus Herz. Brustbild. D. Chodowiecki del. F. Grögory sc. 1784. 4.
532. Astruc, Arzt und Metaphysiker. Brustbild. C. Monnet del. L. Halbou sc. fol.
533. Lavater, Brustbild. Oelenhainz p. C. Pfeiffer sc. Punkt. Oval fol. Mit Nadelschrift.
534. Baron A. Dubois. Brustbild. Gérard p. J. de Frey sc. 4. Schöner alter Druck.
535. J. Dumont de Valdajou, Chirurg. Halbfigur. Chenu sc. gr. fol. Schöner Druck.
536. J. Locke, Philosoph. Halbfigur. G. Kueller p. J. Smith sc. 1721. Schwarzkunst. fol.
537. L. Smids. Kniestück. P. Schenk sc. Schwarzkunst. f. Schöner Druck.
538. J. D. Schlichting, Arzt zu Amsterdam. Halbfigur. J. H. Strumpff p. J. Folkema sc. 4. Schön.
539. Joh. Oosterdyck Schacht, Prof. zu Utrecht. Halbfigur. Qninkhard p. P. Tanjé sc. 1753. Schön.
540. G. Fordyce, Arzt zu London. Halbfigur. J. Phillips p. G. Keating sc. Schwarzkunst. fol. Schön.
541. E. L. Heim, Preuss. Geh. Rath. Brustbild. W. Devrient sc. fol. Schöner Druck.
542. A. v. Haller, am Schreibtisch. Junker p. Auvray sc. 1767. fol. Schöner Druck und selten.
543. Ders. Kniestück. Handmann p. P. F. Tardieu sc. fol.
544. Ders. Halbfig. Eberlein p. J. J. Haid sc. Schwarzk. f.

1545. Monument de la crédulité du 18. Siècle. Offizin des M. Schüppach. C. van Mechel sc. qu. fol. Mit Nadelschrift.

1546. C. F. Hundertmark, Prof. zu Leipzig. Halbfigur. D. van der Smissen p. J. M. Berningroth sc. gr. 4. Beschn.

1547. C. F. Harless. Brustbild. C. Hohe lith. 1834. fol.

1548. Ch. Girtanner. Brustbild. F. W. Kobolt p. D. Berger sc. 8.

1549. Matthioli, Botaniker. Brustbild mit Umgebung. Holzschnitt aus dem Buch. fol. Wenig fleckig.

1550. Ant. Mesmer. Brustbild. Desrais del. Dupin sc. 4.

1551. Derselbe. Büste. Meyer sc. Punktirt. 8.

1552. P. J. Desault, Chirurg. Brustbild. C. N. Cochin del. L. J. Cathelin sc. 4.

1553. 2 Bl. A. Leuret. Cl. Pouteau, Chirurge zu Paris. Brustbilder. Ersteres nach Chardin von L. le Grand gestochen. Letzteres anon. 8.

1554. James Sims. Brustbild. G. Dance sc. 1796. Kreidestich. fol.

1555. A. G. Richter, Professor zu Göttingen. Halbfigur. J. Schulz p. H. Lips sc. fol.

1556. Ch. J. Trew, Botaniker. Halbfigur. J. J. Haid sc. Schwarzkunst. gr. fol.

1557. Derselbe anders und kleiner. D. van der Smissen p. J. J. Haid sc. Schwarzkunst. fol.

1558. G. E. Hamberger, Prof. zu Jena. Halbfig. J. Günther p. Idem sc. Schwarzkunst. fol.

1559. F. Ruysch, Anatom. Brustbild. J. Pool p. P. Schenk sc. Schwarzkunst. fol.

1560. G. Entius, Arzt zu London. Brustbild. Anon. 8.

1561. H. Fabricius v. Aquapendente, Anatom. Brustbild in Cartouche. Anon. fol.

1562. Dr. Harvey. Brustb. A. van Dyck p. Anon. in Schwarzkunst. fol.

1563. Derselbe. Brustb. C. Jansen p. E. Scriven sc. 4.

1564. C. Sprengel. Brustb. J. F. Krethlow sc. Punkt. 8.

1565. J. F. v. Herrenschwand. Brustbild. A. Hickel p. M. G. Eichler sc. 4.

1566. L. V. Brugnatelli. Brustb. J. Longhi del. Verzy sc. 1809. Punkt. Selten.

1567. Ph. G. Heusler, Professor zu Kiel. Brustbild. A. Stöttrup sc. 8.

1568. C. G. Hagen. Brustbild. Dähling del. Facius sc. Punkt. Oval 8.

1569. J. F. Helvetius. Brustbild. Anon. 8.

1570. Valentine Greatrake. Wunderdoctor. 1681, einen Knaben heilend. Anon. 4. Selten.

1571. Mich. Maier, Alchymist. 1568—1622. Halbfig. Anon. 8.

1572. S. Hahnemann. Brustbild. Schoppe p. L. Beyer sc. 8.

1573. C. Baunscheidt, Halbfigur. P. Schumacher sc. Stahlst. 4.

1574. Dr. Reinhardt. Brustbild. R. Liebreich del. P. Rohrbach lith. 4. Chines. Papier.

1575. Plinius. Büste nach der Antike. Boutrois sc. Oval 4.

1576. F. Tiedemann. Brustbild. Roux p. H. Günther lith. f.

1577. C. Rokitansky, Prof. zu Wien, Kniestück. E. Kaiser del. Lith. gr. fol. Chines. Papier.

1578. A. Vesalius, einen Arm zergliedernd. J. Wandelaar sc. f.

1579. J. Dryander. Brustbild. Anon. 4.

1580. J. Riolani, Prof. zu Paris. Brustbild. Varie p. G. Rousselet sc. 8.

1581. Th. Wharton. Brustbild. W. H. Worthington sc. Nach einem alten Bild. 4.

1582. C. Asellius, Anotom. Brustbild. Bassani sc. 4.

1583. A. van Leeuwenhoek. Brustbild. Anon. Oval 8.

1584. J. van Buyten, Anatom. C. E. Biset del. A. van Westerhout sc. kl. fol.

1585. Olaus Worm, Prof. in Kopenhagen. Brustbild. C. van Mander p. G. Wingendorp sc. fol.

1586. R. Vieussens, Dr. med. zu Montpensier. Brustbild. M. Boulanger sc. fol. Selten.

1587. Ders. Brustbild in Oval. Coulet sc. kl. fol. Selten.

1588. Mor. Hoffmann, Prof. in Altdorff. Halbfig. D. Preisler p. Ph. Kilian sc. fol. Verso Text.

1589. J. Bohn, Prof. zu Leipzig. Kniestück. Berningroth sc. fol. Vor dem Todesjahr.

1590. B. S. Albin, Prof. in Leiden. Halbfigur. C. de Moor p. J. J. Haid sc. Schwarzkunst. fol.

1591. J. B. Morgagni von Forli. Halbfigur. Anon. kl fol.

1592. Derselbe. Halbfigur. J. Renard. sc. gr. fol.

1593. A. Ch. Thebesius, Arzt. Brustbild. M. Tyroff del. A. Höger sc. 4.

1594. Joh. Müller, Physiolog. Brustbild. Nach Photogr. lith. von P. Rohrbach 1858. fol. Chines. Papier.

1595. F. J. Gall. Brustbild. Caspari p. L. Portman sc. Punkt. Oval 4. Proefdruk.

1596. Ders. Halbfigur. Grassi p. Jacobé sc. Schwarzk. gr. f.

1597. Fr. Tiedemann, Prof. zu Heidelberg. Brustbild. S. der Schrift. Vor Laurence lith. fol. Tondruck.

1598. A v. Humboldt. Brustbild. Gérard del. L. Portman sc. Punkt. Oval 4.

1599. W. Vink, Anatom zu Rotterdam. Brustbild. G. Bakhuysen p. P. Tanjé sc. fol.
1600. Ph. F. Th. Meckel, Prof. zu Halle. Brustbild. D. Beyel sc.
1601. J. F. Blumenbach. Brustbild. J. W. Kobolt p. Laurens sc.
1804. Oval 8.
1602. Joh. Borgesius, Prof. Brustb. S. a Lamsweerde sc. kl. f.
1603. J. Freitag, Prof. Brustbild. Idem sc. fol.
1604. Ch. Prizonius, Prof. Brustbild. Idem sc. fol.
1605. 2 Bl. C. Matthäi, M. Schoock. Prof. Brustbilder. S. a
Lamsweerde sc. fol.
1606. W. Cruikshank, Anatomist. Brustbild. J. Roberts del.
T. Dickinson sc. Punktirt. Oval fol.
1607. E. Darwin, Autor of the loves of the plants. Brustbild.
Oval mit Beiwerk. R. Corbould del. T. Milton sc. f.
1609. Jul. Vogel. Brustbild. Schertle lith. fol. Chinesisches
Papier.
1610. C. G. Lehmann, Prof. der physiol. Chemie. Kniestück.
O. Merseburger lith. 1853. fol. Chines. Papier.
1611. J. Bleuland. Brustbild. Quenedey (?) sc. Aquat. Oval f.
1612. F. X. Richat. Brustbild. P. Sudré del. Lith. Oval f.
1613. P. A. Béclard, Prof. der Anat. zu Paris. Brustbild.
A. Tardieu sc. Punktirt. Oval. 4.
1614. Ders. nach der Büste von David. Callens sc. Oval 4.
1615. J. J. Berzelius. Brustbild. F. Krüger del. F. Bolt sc.
Punkt. Oval 4.
1616. W. Vrolik. Brustbild. Couwenberg del. Lange sc. 4.
Vor der Schrift, chinesisches Papier.
1617. Bichat, Chirurg. Brustbild. Maurin lith. fol. Stockfl.
1618. Ger. Blasius, Prof. Halbfigur. Anno 4.
1619. Winslow, Anatom. Brustbild. C. N. Cochin del.
Romanet sc. fol.
1620. Buffon. Büste. P. Sauvage p. A. St. Aubin sc. 8.
1621. Ant. Louis, Chirurg. Brustbild. Dupin sc. 4.
1622. J. Ch. Reil, Kniestück. H. Dähling del. F. W. Bollinger
sc. Punktirt. gr. fol.
1623. John Hill. Halbfigur. F. Cotes del. R. Houston sc.
Schwarzkunst. fol.
1624. W. Goerée, Arzt zu Amsterdam. Brustbild. D. van
der Plaas p. P. van Gunst sc. fol.
1625. F. H. L. Muzell. Leibarzt Friedrich II. Kniestück.
A. Graff p. D. Berger sc. fol.
1626. J. N. Corvisart, Leibarzt Napoleons 1. Brustb. Gerard p.
M. Blot sc. fol.
1627. Ders. Brustbild. Vigneron lith. fol.
1628. A. Dubois, Prof. zu Paris. Brustbild. Bertounier sc. 4.

1629. G. Horst. Brustbild. J. van Heiden sc. kl. fol.
1630. R. Virchow. Brustbild. Schwarze p. G. Oppel lith. f.
1631. Derselbe. Brustbild. Nach Photogr. lithogr. von P. Rohrbach 1859. Oval. gr. fol. Chines. Papier.
1632. J. Doläus. Kniestück. P. Schenk sc. Schwarzkunst. f.
1633. Boerhave. Brustbild. G. Garavaglia del. F. Anderloni sc. fol.
1634. Derselbe. Halbfigur. Anon. 4.
1635. 5 Bl. Diverse Portraits und Denkmal desselben. 4. fol.
1636. 2 Bl. N. Tulp. Brustbilder. Anon. 8.
1637. Derselbe auf ein Licht zeigend. Anon fol. Ohne
Plattenrand.
1638. I. Kant, Philosoph. Brustbild. C. Vernet p. II. Lips sc.
kl. fol.
1639. John Taylor, Oculist. Brustbild. W. de Nune p. R.
Cooper sc. fol.
1640. C. Lucas, Arzt, Brustbild. J. Reynolds p. J. M. Ardell sc.
Schwarzkunst. fol. Neuer Druck.

Convolute.

1641. 51 Bl. aus Sambucci „Icones Medicorum". Brustb. in
reichen Ornamentrahmen. Radirt. fol. Selten.
1642. 14 Bl. Paduanische Professoren. II. David sc. Aus
dem Buch. 4.
1643. 50 Bl. Diverse Portraits von Medicinern, Naturforschern etc.
1644. 58 Bl. Desgleichen.

Kupferwerk.

1645. Medical Portrait Gallery Biographical memoirs of the
most celebrated Physicians. Surgeons etc. Mit ihren
Portraits. By Th. J. Pettigrew. 2 Bde. London. gr. 4.
Hlbfrzbde.

Radirungen, Kupferstiche etc.

H. Aldegrever.

1646. 2 Bl. Lot empfängt die Engel, und geht aus Sodom. 8.
B. 14. 16.
1647. 2 Bl. aus der Geschichte von Ammon und Thamar. 8.
B. 22. 25. Spätere Drucke.
1648. 4 Bl. aus den Arbeiten des Herkules. 8. B. 85. 88. 93. 95.
Gute und schöne Drucke. 2 Bl. scharf beschnitten.

H. S. Beham.

1649. Herkules entführt Jole. qu. 8. B. 99. Guter alter
Druck. Ein kleines Stück einer Ecke ergänzt.
1650. Herkules erschlägt Cacus. qu. 8. B. 104. Schöner
Druck. Scharf beschnitten.

1651. Herkules erdrückt den Löwen von Nemea. qu. 8. B. 106.
Schöner Druck. Unten links scharf beschnitten.

Alb. Berg.

1652. 5 Bl. Ansichten und Landschaften aus der Insel Rhodus.
Radirt. 4. kl. qu. fol. Selten. Chines. Papier.

J. Bergler.

1653. Der Brand der Bergstadt Pressnitz. 1811. Radirt. fol.
Unbedeutend fleckig.

D. Chodowiecki.

1654. David die Harfe spielend. 8. E.660. Seltener I. Druck
vor aller Schrift.

C. W. E. Dietrich.

1655. Der Satyr bei dem Bauer. qu. fol. Link 40. Seltener
II. Druck vor der Egalisirung der Ränder etc.,
doch nicht ganz klar.

1656. Venus mit Liebesgöttern in einer Landschaft. qu. fol.
L. 137. Schöner und seltener II. Druck vor der
Nummer. Der Fuss der Venus etwas geschwärzt.

1657. Die kleinen Wasserfälle von Tivoli. qu. 8. L. 153.
Schöner und seltener I. Druck.

1658. Die Felsenschlucht. fol. L. 158. Seltener II. Druck
vor Ausschleifung des Zweiges, mit Tuscheretouchen.

A. Dürer.

1659. Die Geburt der Maria. Holzschnitt. fol. B. 80. Schöner
alter Druck ohne Text. Etwas fleckig und beschnitten.

C. Dujardin.

1660. 2 Bl. Die ruhenden Schweine. 4. B. 8. Doppelt mit der
Nummer und dieselbe ausradirt.

E. Ficquet.

1661. J. de Crébillon. J. Aved p. kl. fol. Faucheux 37. Ohne
Plattenrand, wie die Folgenden, jedoch noch mit vollem
Stichrand.

1662. F. de la Mothe le Vayer. R. Nanteuil del. kl.f. F. 84.

1663. J. F. Regnard. H. Rigaud p. kl. fol. F. 122.

1664. J. de la Fontaine. Idem p. kl. fol. F. 62.

1665. De la Mothe Fenelon. J. Vivien p. kl. fol. F. 58.
Vor den Künstlernamen. Selten.

1666. R. Descartes. F. Hals p. kl. f. F. 39. Leicht gebräunt.

1667. Poquelin de Molière. A. Coypel p. kl. fol. F. 101.

S. Fokke.

1668. Seeküste bei Harlem im Sturm 11. Nov. 1775. Radirt.
kl. qu. fol.

1669. Dasselbe. Vor der Schrift.

C. Haller v. Hallerstein.

1670. Satire auf die grossen Frauenhüte. 1804. Rad. qu. fol.
Andresen 155.

F. W. Höder u. B. v. Knobelsdorf.

1671. 20 Bl. Sammlung geätzter Bl. von F. W. Höder und
B. v. Knobelsdorf. im Verlage bei A. L. Krüger in Pots-
dam: Köpfe, Landschaften, Cartouchen etc. 8. 4. Sehr
selten. Vom berühmten Architekt Knobelsdorf sind
nur die zwei in dieser Folge befindlichen Radirungen,
Parkpartien mit Staffage, bekannt.

H. Johann.

1672. Flache Landschaft mit Brücke zwischen Bäumen. Rad.
kl. qu. fol. Selten.
1673. Partie aus dem Park Ghigi. qu. 8. Wohl von anderer
Hand.

J. A. Klein.

Alte Abdrücke.

1674. 2 Bl. Die beiden Cavalleriestücke in Aquatinta. 4.
Jahn 64. 65.
1675. 2 Bl. Die Pferdeköpfe. 8. J. 74. 76. Auf einem Bogen.
1676. 2 Bl. Schiffszugpferd und die beiden Pferde auf der
Weide. 8. J. 77. 78. Auf einem Bogen.
1677. 2 Bl. Dieselbe. Ebenso.
1678. 2 Bl. Die beiden Pinscher und der schlafende Hund auf
dem Teppich. 8. J. 79. 80. Auf einem Bogen.
1679. 2 Bl. Dieselben. Ebenso. Unbedeutend stockfleckig.
1680. 6 Bl. aus der Folge der charakteristischen Fuhrwerke.
qu. fol. J. 101 etc.
1681. Das Pferd mit dem Kappzaum. qu. f. J. 104. Tonpapier.
1682. Drei Schafe bei dem Hammel liegend. qu. 8. J. 122.
1683. Die vier ungarischen Ochsen. qu. fol. J. 123.
1684. 2 Bl. Hund Fripon und Legere. qu. 8. J. 125. 126.
1685. Der Schwarzschimmel am Pflug. qu. fol. J. 127.
1686. Merinos. qu. fol. J. 128.
1687. Dasselbe.
1688. Slawaken. 4. J. 129.
1689. Oesterreichische Kohlbauern. 4. J. 130.
1690. Der Landschaftsmaler (Kirchner) auf der Reise. qu. fol.
J. 131.
1691. Der Slawake am Donauufer. qu. fol. J. 132.
1692. Der Russe auf dem Einspänner. qu. fol. J. 133.
1693. Das Fohlen bei den Kräutern. 4. J. 134.
1694. Patrouille der Kosaken. qu. fol. J. 135. I. Vor aller
Schrift. Selten.

1695. Französische Kriegsgefangene. qu. fol. J. 138. II. Vor
Nummer und Adresse. Selten.
1696. Ungarischer Schiffszug. qu. fol. J. 141.
1697. Die Pferde vor dem Zelt. qu. fol. J. 144. II. Vor
Nummer und Adresse.
1698. Die vier Dragoner mit den Heubündeln. qu. fol. J. 147.
Ebenso.
1699. Der Dragoner mit den drei gesattelten Pferden. qu. fol.
J. 147. Ebenso.
1700. Die Kalenderhändlerin. qu. 8. J. 155.
1701. J. G. Mansfeld. A. Petter p. Oval. fol. J. 156.
1702. Donsche Kosaken. qu. fol. J. 165.
1703. 2 Bl. Der Ungar von hinten. Dachshund. 8. J. 167. 69.
Auf einem Bogen.
1704. 2 Bl. Würzburger Schiffsmann. Hund Caro. 8. J. 170. 71.
1705. Der Esel bei der Distel. 4. J. 176.
1706. Mutterschaf mit saugendem Lamm. 4. J. 177.
1707. Die Schweine. 4. J. 185.
1708. Dromedar und Cameel. qu. fol. J. 178.
1709. Russisches Fuhrwerk. qu. fol. J. 186.
1710. 6 Bl. Die erste Folge der Wiener Thierstudien. 4.
J. 187—92.
1711. Das Pferd am Weidenbaum. 4. J. 194. Selten.
1712. Das Ungarweib in der Thür. 8. J. 200.
1713. Der Invalide bei der Pumpe. 4. J. 201.
1714. Der Schlitten vor dem Wirthshaus. qu. 4. J. 221.
1715. Das Nikolaithor zu Heidingsfeld. kl. qu. fol. J. 224.
1716. Die Viehmagd im Stalle. qu. fol. J. 225. III. Vor
Ausschleifung des Namens.
1717. Hund Phylax. 4. J. 226. II. Vor der Veränderung
der Schrift.
1718. Dasselbe. III. Mit dieser Veränderung.
1719. Dasselbe.
1720. Sennerin von der Königsalpe. 4. J. 227.
1721. Dasselbe.
1722. Die Calesche. qu. fol. J. 236.
1723. Die Italienerin bei dem Esel. qu. 4. J. 246.
1724. Dasselbe.
1725. Barozzaro di Roma. qu. fol. J. 248.
1726. Dasselbe.
1727. Auf dem Furkagebirge. qu. fol. J. 247.
1728. Dasselbe.
1729. Beladenes Maulthier nach rechts. 4. J. 249.
1730. Dasselbe. I. Von der grossen Platte. Selten.
1731. 2 Bl. Der Brunnen in Bern. qu. fol. J. 250. 51.

1732. In der Nähe der Weidenmühle bei Nürnberg. qu. fol. J. 259. Selten.
1733. Maulthier mit Futtersack. 4. J. 260.
1734. Der fünfeckige Thurm auf der Burg zu Nürnberg. qu. 4. J. 276.
1735. Der Mostwagen. qu. 8. J. 286. Mit handschriftlicher Widmung an Professor Dahl.
1736. Der Kunstfreund E. Harzen in Hamburg.' 4. J. 316.
1737. Russ. Pferd. qu. fol. J. 318. Chines. Papier. Im Rand stockfleckig.
1738. Der Meister selbst zeichnend. J. G. Mansfeld sc. Radirt. Oval 4.
1739. Zwei Pferde. G. G. C. Klein (der Bruder). fec. 1822. 4.

H. Kretzchmer.
1740. Dem Alten Kunstverein und seinen Gästen zur 49. Jahresfeier. Originallith. qu. fol.
1741. Dasselbe.

P. L. Loutherbourg.
1742. Kuh und Esel im Wasser. Radirt. qu. 8. Die täuschende Copie.

S. M. Lowe.
1743. Die drei Grazien erscheinen einem Philosophen. (Die Versuchung des heil. Antonius?) Aquat. 4. Selten.

A. Marcenay de Ghuy
1744. Charles V. dit le sage. N. p. Rad. 8. Schöner Druck.
1745. Charles VI. dit le glorieuse. Idem p. 8. Ebenso.
1746. Portrait eines Herrn aus dem 17. Jahrhundert. 8. Vor aller Schrift.

G. D. Matthieu.
1747. Drei Frauen beim Bretspiel. 1765. Radirt. qu. fol. Selten.
1748. Mann und Frau dinirend. fol. Selten.

A. Menzel.
1749. Zur Säkularfeier der Geburt G. Schadow's am 20. Mai 1864. Holzschnitt. fol. Chines. Papier.

R. Morghen.
1750. Maria mit dem Kind. L. Carracci p. 8. Unreiner Druck und verschnitten.

R. Nanteuil.
1751. P. Seguire. fol. R.-D. 224. Schöner Druck.

A. van Ostade.
1752. Die Scheune. qu. fol. B. 23. Später Druck.
1753. Der Brillenhändler. 8. B. 29. Mit der letzten Retouche.
1754. Der Maler in seinem Atelier. fol. B. 32. Guter Druck mit den letzten Retouchen. Die Schrift abgeschnitten.

1755. Mann und Frau zusammenredend. 8. B. 37. Später Druck.

G. Pencz.

1756. Mucius Scävola vor Porsenna. 8. B. 74. Scharf beschnitten auf den Seiten.

Rembrandt.

1757. Rembrandt zeichnend. 4. B. 22. Alter Druck, aber grau.
1758. Christus und die Samariterin. 4. B. 70.

G. F. Schmidt.

1759. Der Orientale mit dem Halbmond auf der Mütze. Radirt wie die Folgenden. fol. J. 114.
1760. Der Greis mit schwarzer Kappe. 4. J. 115. Fast grau.
1761. Der Krieger in Harnisch. gr. 4. J. 116. In den Hauptschatten fahl.
1762. Der junge Mann in Mantel. Rembrandt p. 4. Schöner Druck. Ohne Plattenrand.
1763. Die Judenbraut. Idem p. fol. J. 128.
1764. Der Meister selbst, zeichnend. fol. J. 134.
1765. Derselbe mit der Spinne im Fenster. fol. J. 141.
1766. Junger Mann mit Halsberge. Rembrandt p. 4. J. 150. Guter Druck. Oben ein schwacher Fleck.
1767. Sara führt Hagar zu Abraham. Dietrich p. qu. fol. J. 175. Schöner Druck. Ganz schwach gebräunt.
1768. Ecce homo. Rembrandt p. J. 159. 4. Grau.

Max Schultze.

· 1769. Erdbeerjunge in Interlaken. 1856. Radirt. 4. Chines. Papier.

C. Visscher.

1770. Philipp IV. König v. Spanien. Rubens p. fol. Schöner Druck.

A. Waterloo.

1771. Der Kirchhof am Fluss. qu. 8. B. 22.
1772. Die Frau auf der kleinen Holzbrücke. 4. B. 34. Schöner Druck.
1773. Dasselbe. Alter Druck, jedoch nicht so kräftig.
1774. Das Haus im Grün. 4. B. 54. Kräftiger später Druck.
1775. Das Gehölz am Fluss. 4. B. 57.
1776. 5 Bl. aus der Folge der Landschaften. B. 71. 72. 74. 75. Selten, weil die Platten abgeschliffen, jedoch 4 Bl. bereits fahl. 1 Bl. doppelt.
1777. Die Waldallee. qu. 4. B. 99. Alter Druck, aber grau und ein Rand angesetzt.
1778. 5 Bl. aus der Folge der Landschaften. qu. fol. B. 89—94. B. 90. fehlt.
1779. 2 Bl. von denselben. Sehr kräftiger Druck.

780. Die Heerde bei der steinernen Brücke. qu. fol. B. 102. Selten, doch bereits fahl.
781. Der Eingang in das Gehölz bei dem Steg. fol. B. 107. Alter Druck, auf Schellenkappenpapier, doch nicht ganz klar.
782. Der saufende Hund. fol. B. 120. Schöner Druck.
783. Der kleine Buckelichte. fol. B. 121. Alter Druck.
784. Dasselbe.

F. Weitsch.
785. Der Meister selbst. Radirt. 8. Selten.
786. 4 Bl. Schafe in Landschaften. Radirt. qu. 8.
787. 2 Bl. Katze und Hund. Radirt. qu. 8.
788. Der Meister selbst. Buchhorn sc. 4.

J. Werner.
789. Schweizer Alpen — Gasthaus. Stahlrad. 1848. 4. Vor aller Schrift.

A. Wierx.
790. Albert, Erzherzog, Kardinal. fol. Etwas matt.

A. Wolff.
791. 3 Bl. Hirsche im Wald, zwei sich beissende Hunde. Radirt. 4. qu. 4. 2 Bl. chines. Papier, 1 Bl. jedoch ohne Marge.

Cl. v. Zimmermann.
792. Die Kirche St. Giovanni und Paolo in Rom. Radirt. qu. fol. A. 1. Selten.

Convolut.
793. 19 Bl. hübsch ausgeführte Landschaftsstudien in d. Schweiz, Wildbad etc., Zeichnungen in Sepie und Bleistift. f. qu. f.

Kupferwerk.
794. Collection d'estampes gravées à l'eau forte d'après les desseins des plus célèbres Maitres italiens qui se trouvent dans les principaux Cabinets de la Hollande. 21 Bl. Amsterdam o. J. qu. fol. Geheftet.

A. Bloemaert.
795. St. Magdalena in Busse. B. a Bolswert sc. 8. Schöner Druck in Clairobscur, aus Börner's Sammlung.

A. Flamen.
796. Zwei Seefische. qu. 8. R.-D. 459. Schöner Druck.

E. Hasse.
797. Der Hühnerhof am Morgen. Holzschnitt von H. Bürkner. qu. fol.

C. Hess.
798. Rembrandt's Vater. Rembrandt p. Radirt. kl. fol.

H. Naiwincks.

1799. Die Felslandschaft. 4. B. 6. Sehr schön und selten.
1800. Die Landschaft mit den drei grossen Bäumen. 4. B. 5. Selten, doch bereits etwas fahl.

D. Stoop.

1801. Das angebundene Pferd. 4. B. q.

A. Waterloo.

1802. Der Mann in Mantel und sein Hund. 4. B. 43. Alter Druck.
1803. 5 Bl. aus der Folge der Landschaften. 4. B. 33—38. Die unauffindbare Nr. 38 fehlt. Schöne I. Drucke mit der Adresse des Meisters. 1 Bl. verschn. und 1 Bl. wenig fleckig.
1804. 6 Bl. Folge von Landschaften. qu. fol. B. 107—112. Gute alte Drucke.
1805. Die Ansicht von Rhenen. qu. fol. B. 90. Aelterer Druck, aber bereits etwas fahl und rostfleckig.
1806. 6 Bl. Die Folge der Landschaften in die Höhe. fol. B. 119 bis 124. Hauptfolge in ersten Abdrücken vor der Retouche. Aus Ackermann's Sammlung. Zwei Bl. etwas fahl. 3 Bl. unbedeutend fleckig.

Kupferstiche, Radirungen.

G. Audran.

1807. Martertod der K. Agnes. D. Dominichino p. roy fol. R.-D. 22. Ein Hauptblatt in gutem alten Druck. Risse wegen aufgezogen.

J. Audran.

1808. Henri IV. delibère sur son futur mariage. Rubens p. gr. fol. Schöner Druck. Ohne Plattenrand.

J. Avril.

1809. Serment de Fidélité. Junges Paar in Umarmung bei dem Altar des Hymen. fol. Guter Druck.

J. Axmann.

1810. Beim Juwelier. F. Friedländer p. qu. roy fol. Thüring. Kstvrbtt. Grau.

J. Bacheley.

1811. Vue du Tibre. B. Breemberg p. qu. fol.

F. Bahmann.

1812. Der Evangelist Johannes. D. Dominichino p. Copie nach Müller's Stich. fol.

C. Barth.

1813. St. Magdalena, nach eigener Erfindung. gr. fol. Im Papierrand ein paar kleine Brüche.

1814. Die Madonna am Betpult. fol. Schöner Druck ohne Schrift.

N. Barthelmess.

1815. Der Feiertag. A. Siegert p. fol. Hannov. Kstvrbtt. Guter Druck.

1816. Dass. hübsche Blatt.

1817. Dasselbe. Im Rand bestaubt.

J. F. Bause.

1818. Ernst Pet. Otto. A. Graff p. fol.

Carl Becker.

1819. Am Schreibtisch. Junge Dame einen Brief siegelnd. Hübsche Photographie von Schauer. fol.

L. Blanc.

1820. Die beiden jungen Mädchen mit der Laute. F. Hanfstängl lith. Hannov. Kstvrbtt. qu. fol. Gewählter Druck auf chinesischem Papier.

J. C. Bromley.

1821. Die Gattin am Bett des kranken Mannes. E. Prentis del. Mezzotinto. gr. fol.

H. Bürkel.

1822. Transport römischer Briganten. J. Giere lith. Hannov. Kstvrbtt. qu. fol.

G. Busse.

1823. Gegend bei Marino im Albanergebirge. H. Brandes p. Hannov. Kunstrbtt. qu. fol. A. 19.

1824. Gegend der nördlichen Grenze Tirols. Ebenso. gr. qu. f. A. 13. Schöner Druck. Im Papierrand staubig.

1825. Dass. Im Rand ein gelber Fleck.

1826. Dass. Seltener Aetzdruck.

1827. Apollo unter den Hirten. J. A. Koch p. qu. fol. A. 21. Seltener Aetzdruck.

1828. 17 Bl. Malerische Radirungen aus Italien. 1 Bl. fehlt an der completen Folge. Dabei ist die seltene Nr. 18. qu. fol. A. 23—40. Schöne Drucke auf chinesischem Papier.

1829. 5 Bl. von denselben. 3 Bl. in I. Druck vor der Nr.

1830. 3 Bl. von denselben. 2 Bl. vor der Nr.

1831. Die Schule bei Albano. qu. fol. Chinesis. Papier. A. 35. Im Rand staubig.

1832. Der Bacchant nach Goltzius. Oval. fol. A. 57. Selten. Frühzeitiger Versuch in Grabstichelarbeit.

Zeichnungen von Busse.

1833. Entführung des Ganymed in reicher Landschaft nach Koch (?). Bleistift. fol.

1834. St. Peter in Rom. Bleistift. qu. fol. Tonpap.

1835. Ansicht von Tivoli 1839. Bleistift und Tusche qu. fol.

1836. St. Vito bei Olevano. 1841. Bleistift. qu. fol.

1837. In der Campagna bei Rom 1838. Bleistift. qu. fol.

1838. 4 Bl. Ansichten bei Ariccia, Civitella, Tivoli und am Chiemsee. Bleistift. qu. fol. 4.

F. Chereau.

1839. Nic. Delaunay. H. Rigaud p. gr. fol. Ohne Rand und gebräunt.

P. v. Cornelius.

1840. Die Wiedererkennung Joseph's. A. Hoffmann sc. Hannoversches Kstvrbtt. gr. qu. fol. Chines. Papier. Im Rand brüchig und mit Gummi berieben.

1841. Josephs Traumdeutung. S. Amsler sc. Hannoversches Kunstrbtt. gr. qu. fol. Stockfleckig.

1842. St. Johannes, der Evangelist. Thäter sc. Oval 8.

C. Cort.

1843. Tarquin und Lucretia, nach Tizian. fol. Oben in der Ecke eine kl. Verletzung.

D. Cunego.

1844. 2 Bl. Apollo et Silenus. Orco Lucina Norandino. H. Carracci und J. Lanfranco p. qu. fol.

E. Deger.

1845. Die Himmelskönigin. J. Keller sc. gr. fol. Hannov. Kunstvereinsblatt. Etwas stockfleckig.

C. Deis.

1846. Rebecca am Brunnen. Mezzot. gr. qu. fol. Prämienblatt.

1847. Mädchen aus Albano. A. Riedel p. Mezzot. gr. fol. Prämienblatt.

E. Dertinger.

1848. Geburtstag - Morgen. R. Beyschlag p. Mezzot. fol. Prämienblatt.

A. Desnoyers.

1849. Le délire d'amour. Henry del. Punkt. fol. Aus früher Zeit des Künstlers und selten. Ohne Rand.

F. Dinger.

1850. Cromwell am Krankenbett seiner Tochter. J. Schrader p. qu. fol. Vereinsbtt. des Museums für Kunst.

1851. Cromwell und seine Anhänger bei Milton. E. Leutze p. Hannov. Kstvrbtt. gr. qu. fol.

1852. Dass. im Rand bestaubt.

1853. Dass. Ebenso und eingerissen.

G. Döbler.

1854. Die Seeschlacht von La Hogue. B. West p. gr. qu. f.

1855. Dasselbe.

P. Drevet.

1856. Ernst August, Herzog von Braunschweig, mit allegor.
Umgebung. gr. f. Schöner alter Druck, aber ohne Rand.

Julie Gräfin v. Egloffstein.

1857. Luise Grossherzogin v. Sachsen-Weimar, auf der Park-
terrasse sitzend. W. Flachenecker lith. roy fol. Mit
Autograph. Widmung von der Künstlerin.

E. Eichens.

1858. Schlafender Räuber. L. Robert p. Preuss. Kunstvrbtt. f.
Bestaubt.

H. Fincke.

1859. Partie an der schottischen oder normannischen Küste.
W. Tombleson del. Aquat. qu. fol. Vor der Schrift
und mit handschrift. Widmung an Busse.

1860. Ansicht eines Städtchens mit Schloss. Stahlradirung
kl. qu. fol. Ebenso.

A. Fleischmann.

1861. Madonna Della Sedia, nach Raphael. Mezzotinto. gr. fol.
Prämienblatt.

1862. Die Himmelskönigin in Engelglorie. Murillo p. gr. f.
Prämienblatt.

1863. Die Taufe. F. Hiddemann p. gr. fol. Im Schriftrand
brüchig.

1864. Hermann und Dorothea. W. Lindenschmitt del. fol.
Prämienblatt. Im Schriftrand ein kl. gelber Fleck.

1865. Die Segnung der Auswanderer. C. Hübner p. gr. fol.
Etwas grau, bestaubt und brüchig.

1866. Der Hirt als Arzt. C. Kreul p. qu. fol. Späterer
Druck u. grau.

D. Flor.

1867. Künstlerfest zu Cervara bei Rom. Lithogr. gr. qu. f.
Die Schrift abgeschn. und unbedeutend fliegenfleckig.

P. Franken.

1868. Kurden auf der Vogeljagd. Schöner Oelfarben-
druck von Storch und Kramer. Hannov. Kunstvrbtt.
gr. qu. fol.

W. Gail.

1869. Spanischer Pilger am Brunnen. Buddeus-Album. Rad. fol.
Schöner Aetzdruck auf chinesischem Papier.

J. Gauermann.

1870. Die grosse heroische Landschaft mit der Einsiedlerhütte.
Radirt gr. qu. fol. Schöner Druck.

B. Genelli.

1871. Jupiter legt den jungen Herkules an die Brust der
Juno. A Spiess sc. qu. fol. Chinesisches Papier.

1872. Dasselbe. Späterer Druck. Oben und unten ohne Rand.

C. Geyer.

1873. Die Erwartung nach Schiller. F. Rothbart inv. Mezzot. gr. fol. Prämienblatt.

F. Girard.

1874. Le gage d'amour. Ein Rekrut bittet um eine Haarlocke seines Mädchens. Destouches p. Aquat. gr. fol. Mit nicht viel Plattenrand und im Schriftrand wasserfleckig.

C. Gouzenbach.

1875. Gunther und Brunhild. J. Schnorr p. Münch. Kunstvrbtt. gr. fol.

Grape.

1876. Ansicht von Celle gegen Morgen. N. Casler del. gr. qu. fol. Selten.

V. Green.

1877. The assumption of the virgin. Murillo p. Schwarzkunst. gr. fol. Etwas berieben.

J. Greenwood.

1878. Die glückliche Familie. van Herp p. Schwarzkunst. gr. fol. Vor der Schrift, nur mit den Künstler-namen.

Th. Grosse.

1879. Th. Grosse's Frescomalereien in der östlichen Loggia des Museums zu Leipzig, nach den Cartons photographirt von F. Hecker. Text von M. Jordan. Leipzig 1865. qu. fol. Probelieferung mit 3 Bl.

C. Guttenberg.

1880. Wilh. Tell aus dem Nachen springend. H. Fuessli p. gr. qu. fol. Guter neuerer Druck.

L. Haach.

1881. Todtentanz auf dem Friedhof zu Neustadt-Dresden 1534. Lithog. qu. fol.

G. Hackert.

1882. Vue des environs de Carpentras. Ph. Hackert p. qu. fol. Schöner alter Druck. Etwas stockfleckig.

F. Hegi.

1883. Alpenfest der Schweizerhirten. Ringkampf. G. Lory inv. Radirt. qu. fol.

A. Hoffmann.

1884. Hagar und Ismael. E. Steinbrück p. fol. Etwas stockfleckig.

J. G. Huck.

1885. Die Ruine. J. Ruysdael p. Schwarzkunst. gr. qu. fol. Etwas gebräunt und unten ohne Plattenrand.

J. C. Kleugel.

1886. 5 Bl. Landschaften mit Heerden. 1 Bl. von Kunz. kl. qu. fol. Neue Drucke.

F. Knolle.

1887. Christi Geburt. C. Maratti p. fol. Guter Druck, aber gebräunt und im Papierrand von Nadelstichen durchlöchert.
1888. Der Zinsgroschen. Tizian p. fol. Schöner Druck auf chines. Papier. Im Rand mit Gummi berieben.
1889. Othello. Th. Hildebrandt p. Magdeb. Kunstvrbtt. qu. f. Jetzt Verlag von Gypen. Brüchig.
1890. Dasselbe. Vorzüglicher vollendeter Probedruck vor aller Schrift. Als dritter Probedruck bleistiftlich bezeichnet.

C. W. Kolbe.

1891. Die Badenden. gr. fol.

A. Krüger.

1892. Raphael auf der Schwelle sitzend, nach Marc-Anton. 4.

C. Langlois.

1893. Destruction de Missolonghi. M. Lavigne lith. gr. qu. f.

N. de Larmessin.

1894. 2 Bl. Le remois. Le plaisir de l'été. N. Lancret und J. B. Paterre p. 1 Bl. von L. Surugue gest. qu. fol. Ersteres fliegenfleckig.

G. Laves.

1895. Brautthür der St. Lorenz-Kirche in Nürnberg. Radirt. qu. fol.

D. Lerpiniere.

1896. The young herdman. A. Cuyp p. qu. fol. Schöner Druck.

C. F. Lessing.

1897. Leonore nach Bürger. F. Jentzen lith. Düsseldorfer Kunstvrbtt. gr. qu. fol. Gebräunt und im Rand wasserfl.

A. Martinet.

1898. Le sommeil de Jesus. Raphael p. Hier als Prämienblatt. gr. fol. Etwas gebräunt und nicht ganz sauber.

J. Mason.

1899. Les amusements du printems. J. Pillement del. gr. qu. fol. Ohne Rand und aufgezogen.

R. U. Massard.

1900. Hippocrate refuse les présens d'Artaxrecès. Girodet-Trioson p. gr. qu. fol. Ohne Plattenrand. Moderfleckig und ein Riss im Rand unterlegt.

J. B. Massard.

1901. La Dame bienfaisante. J. B. Greuze p. gr. qu. fol. Ohne Plattenrand und schwach wasserfleckig.

O. Mengelberg.

1902. Judith. F. Hanfstängl lith. Hannov. Kstvrbtt. roy. fol.
Chines. Papier.

D. Monten.

1903. Oberst Stahlhansch entreisst bei Lützen die Leiche
Gustav Adolph's den Kaiserlichen. J. Giere lith. Ebenso.
qu. roy. fol.

Morasch.

1904. Ansicht von Dresden, auf die katholische Kirche. In
Umrissen und colorirt. qu. fol. Etwas gebräunt.

F. Müller.

1905. Der Sündenfall. Raphael p. fol. Neuerer Druck mit
Felsing impr.

1906. Der Evangelist Johannes. D. Dominichino p. fol.
Mit 1812. Gebräunt.

1907. Dasselbe. Verkleinerte Copie von Friedr. Müller von
Ohrdruff. fol.

E. Müller.

1908. La Madonna del Lago. Raphael p. Copie nach Longhi.
Rund fol.

1909. 2 Bl. Portraits von Göthe und Schiller, letzterer von
Steinla gest. kl. fol.

B. Neher.

1910. Das Schillerzimmer im Schloss zu Weimar. Nach Neher's
Fresken daselbst gestochen von W. Müller. 1 Heft mit
4 Bl. fol.

E. Neureuther.

1911. Scheiben-Schützenlied von F. v. Kobell. Radirt. fol.
Zu Auer's Faust.

F. Nordheim.

1912. Roman girl praying. (Brustbild der Madonna.) Sasso=
ferrato p. fol. Schöner Druck.

C. Oesterley.

1913. Die Tochter Jephta's. H. Loedel sc. Hannov. Kstvrbtt. f

J. Palma.

1914. Die Töchter des Palma vecchio. L. Noël lith. gr. qu. f.
Wenig stockfleckig.

G. F. Papperitz.

1915. 8 Bl. aus der Folge der landschaftlichen Radirungen,
Ansichten aus Italien. 4. 8.

A. H. Payne.

1916. Venus auf dem Ruhebett, mit dem Lautenspieler. Tizian p.
Stahlstich. gr. qu. fol. Grau und mit einigen kleinen
Brüchen.

J. Pesne.
1917. Das Testament des Eudamidas. N. Poussin p. gr. qu. f.

S. H. Petersen.
1918. Le matin des bergers. Wehle del. 1825. gr. qu. fol.
Guter Druck.

H. Petersen.
1919. Madonna della Sedia. Raphael p. gr. fol. Auf dünnem
Papier.

A. Petrak.
1920. Pietas. J. Führich inv. qu. fol. Brüchig und wenig
fleckig.

R. Petsch.
1921. Madonna mit dem Kind und kleinen Johannes. F. Rai-
bolini p. 4. Grau.

G. Planer.
1922. Der Leichnam Christi betrauert von den Seinigen. Ro-
termund p. Hannov. Kstvrbtt. gr. qu. fol.
1923. Dasselbe.
1924. Dasselbe. Im Rand wenig staubig.
1925. Dasselbe. Im Rand einige Brüche.
1926. Amor auf dem Panther, nach E. Rietschel. qu. fol.

F. Poilly.
1927. Maria mit dem Kind in einer Landschaft, von zwei
Engeln verehrt. A. Carracci p. qu. fol.

P. Pontius.
1928. 2 Bl. Tomiris lässt das Haupt des Cyrus in Blut tauchen.
St. Rochus. Rubens p. gr. qu. fol. gr. fol. Fleckig,
ohne Rand und aufgezogen.

J. Poppel.
1929. Ansicht von Basel. D. Wegelin del. qu. fol. Schöner
Stahlstich. Wenig stockfleckig.

D. Quaglio.
1930. 2 Bl. Kirche zu Kiderich im Rheingau. — St. Wernerus-
Kirche in Oberwesel am Rhein. Lithogr. gr. fol.
1931. 2 Bl. Erstere nochmals, und ehemaliger Domkirchhof in
Regensburg. Lith. gr. fol.
1932. 2 Bl. Schloss Prunn im Altmühlthale. — Münster zu
Basel. Lith. gr. fol. roy. fol. Letzteres grau.

J. L. Raab.
1933. Die angeschlagenen Thesen Luthers an der Schlosskirche
zu Wittenberg. C. F. Lessing del. Hannov. Kstvrbtt.
gr. qu. fol.
1934. Dasselbe. Im Rand unbedeutend staubig.
1935. Dasselbe. Im Rand mit Gummi berieben.

7

1936. Luther verbrennt die Bannbulle. Idem del. gr. qu. fol. Vor der Schrift, aber in den Stichrand eingerissen und etwas bestaubt.

H. Ramberg.

1937. Atelier eines Malers. Humoreske. Radirt. qu. f. Selten.

J. E. Ridinger.

1938. Der grosse Hecht, welcher den Fuchs an der Schnautze festhält. fol.

F. und J. Riepenhausen.

1939. Heinrich der Löwe vertheidigt Barbarossa gegen die aufrührerischen Römer. J. Giere lith. Hannov. Kstvrbtt. qu. roy. fol.

1940. Dasselbe.

D. Ryckaert.

1941. Das Bohnenfest. J. Wölffle lith. gr. qu. fol. Chines. Papier. Im Rand faltig.

J. Saenredam.

1942. Der verlorene Sohn bei dem Pächter. A. Bloemaert inv. gr. qu. fol. Rechts gebräunt.

H. Sagert.

1943. Das erste Gebet. J. G. Meyer p. Hannov. Kstrbtt. Mezzot., wie die Folgenden. gr. fol. Chines. Papier. Im breiten Rand staubig.

1944. Dasselbe. Ebenso und fleckig.

1945. Das Gebet der Wittwe. Idem p. Hamburger Kstvrbtt. 1853. gr. qu. fol. Im Papierrand zwei Risse unterlegt.

1946. Die Falkenjagd. W. Camphausen p. gr. qu. fol. Vor der Schrift.

N. Schenker.

1947. 11 Bl. Jugendliche Frauenköpfe. Punkt. 4.

C. Scheuren.

1948. Die Vätergruft. C. Osterwald lith. Hannov. Kstrbtt. gr. qu. fol. Bestaubt.

J. W. Schirmer.

1949. Römische Campagna. Rad. qu. fol. Chines. Papier.

1950. Brunnen bei Aricci. Rad. qu. fol. Ebenso.

A. Schleich.

1951. Die Wahrsagerin. J. Kirner p. gr. qu. fol. Im Rand etwas brüchig.

W. F. Schlotterbeck.

1952. 2 Bl. Aussicht bei Vietri. — Grotte des Neptun unterhalb Tivoli. Ph. Hackert p. Aquat. gr. qu. f. Schöner Druck.

G. F. Schmidt.

1953. Die Frau des Künstlers. Brustbild. Radirt. 8.

J. Schnorr.
1954. Ansicht von Albano. A. Krüger sc. qu. fol.
1955. Lustwandelnde Brautpaare. Ufer sc. qu. fol.
1956. 4 Bl. Darstellungen zum Nibelungenlied, nach den Originalentwürfen gest. von H. Schütz. In Umrissen und friesförmig. Mit Text. gr. qu. fol.

J. Schrader.
1957. Pabst Gregor VII. und Graf Cencius. J. Giere lith. Hannov. Kstvrbtt. gr. qu. fol.

C. L. Schuler.
1958. St. Cäcilia. D. Dominichino p. fol. Schöner Druck.

E. Schuler u. Metzeroth.
1959. Napoleon, Kniestück im Krönungsornat. F. Gérard p. f. Schöner Druck.

M. v. Schwind.
1960. Der Sängerkrieg auf der Wartburg 1207. L. Friedrich sc. qu. fol. Im Rand wenig stockfleckig.
1961. Sterbendes junges Mädchen. J. Thaeter sc. 4. Chines. Papier.

Ch. Seel.
1962. Zur 50jährigen Jubelfeier der Schlacht bei Leipzig 1813—63. Farbendruck. gr. qu. fol.

A. Simon.
1963. Der Edelknabe. J. Schrader p. fol.

F. v. Stadler.
1964. 2 Bl. Unschuld. Grazie. (B. Cenci und Sibylla.) Nach G. Reni und D. Dominichino. kl. fol.

X. Steifensand.
1965. Das Gewitter. J. Becker p. Hannov. Kstvrbtt. qu. fol.
1966. Dasselbe.
1967. Dasselbe. Im Rand staubig und brüchig.

F. Stöber.
1968. Madonna del Granduca. Raphael p. fol. Grau.
1969. Der Brautwerber. J. Danhauser p. gr. fol. Schöner Druck vor aller Schrift, der Plattenrand noch nicht polirt.

H. van Swanefelt.
1970. 4 Bl. Landschaften mit Heiligenstaffage. qu. f. SpätereDr.

A. Wagenmann.
1971. Häusliche Freuden. R. Heck p. Mezzot. gr. f. Prämienbl.

F. Wagner.
1972. Christus Brot und Wein segnend. L. da Vinci p. fol.

Ph. Walther.
1973. Das Bäckermädchen. C. Kreul p. Nürnb. Kstvrbtt. fol. Schöner Druck.

7*

J. G. Wille.

1974. Les delices maternelles. P. A. Wille p. fol. Alter Druck. Mit einem kleinen Wurmloch.

F. Zimmermann.

1975. Die gewährte Bitte oder die Traubenspenderin. A. Wichmann p. Oesterr. Kustvrbtt. qu. fol. Im Rand einige kleine graue Flecke.

Convolute und Werke.

1976. 38 Bl. Kupferstiche und Lithographien, meist Prämienbl.
1977. 48 Bl. Diverse Kupferstiche.
1978. 9 Bl. Lithographien.
1979. 8 Bl. Photographien.
1980. 12 Albumblätter für die elegante Welt. Aus Auer's Faust. Meist Lithographien.
1981. 25 Bl. aus Schenk's Verlag: allegorische Frauengestalten: die Welttheile, Sinne etc. fol.
1982. 96 Portraits der Dogen von Venedig. Kupferstiche aus einem Buch. 8.
1983. 300 Bl. Diverse Portraits in kleinem Format.
1984. 92 Bl. Portraits, Stahlstiche aus Baumgärtner's Modenztg.
1985. 26 Bl. aus der Gallerie der Zeitgenossen. Bibliograph. Institut 1848. Stahlstiche.
1986. 26 Bl. Portraits in Stahlstich.
1987. 68 Bl. Wohlfeile Volksbildergallerie, enthält Bildnisse ausgezeichneter Personen. Holzschnitte von Gubitz.
1988. 132 Bl. dito, Genrebilder und Landschaften, von Gubitz.
1989. 144 Bl. Portraits namhafter Zeitgenossen. Lithogr. 8. Geh. Der Titel fehlt.
1990. 92 Bl. Ansichten und Architekturen. Stahlstiche.
1991. 29 Bl. dito.
1992. 34 Bl. Rheinansichten. Stahlstiche.
1993. 30 Bl. Diverse Ansichten. Stahlstiche.
1994. 19 Bl. Genre. Stahlstiche.
1995. 13 Bl. Malerisches Rheinalbum nach Zeichnungen von P. Becker lithogr. von J. L. Buhl. Schöne Farbendrucke. qu. fol. Der Umschlag fleckig. Nicht complet.
1996. 8 Bl. Ansichten von Heidelberg, gez. von C. v. Graimberg, gest. v. Haldenwang. qu. fol. geh. 1 Bl. fleckig.
1997. 4 Bl. Lithogr. nach Monten, Kaufmann, Rottmann und D. Quaglio. Münchener Kunstvereinsheft. 1833. f.
1998. Historisch-malerische Ansichten der Residenzstadt Wien und ihrer Umgebungen. 17 Bl. nach Zeichnungen von Wilder und Reinhold, gest. von Passini. In Kapsel. 4.
1999. 1 Mappe.

Kupferstiche, Radirungen etc.

A. Achenbach.
2000. Norwegische Hütte am See. Radirt. kl. qu. fol.

G. Ballero.
2001. Mater amabilis. Maria mit dem Kind und kleinen Johannes. L. da Vinci inv. kl. qu. fol.

F. Barbazza.
2002. Ansicht des Pantheons zu Rom. qu. f. Ohne Plattenrand.

S. à Bolswert.
2003. Schiffe auf stürmischer See. A. van Artvelt p. qu. fol. Später Druck.

A. Brandt.
2004. Altenburger Landleute im Wirthshaus. Costümbl. Lithographie. gr. qu. fol.

J. Callot.
2005. Die Versuchung des heil. Antonius. gr. qu. fol. Copie.

C. W. E. Dietrich.
2006. 4 Bl. Landschaften mit Staffage. fol. qu. fol. Frauenholzische Drucke.

J. Dorner.
2007. Der Wasserfall. Originallithographie in Tondr. 1818. f.

F. Fleischmann.
2008. 4 Bl. Marinen, Landschaften und Architekturen nach Castell, Georgi u. A. Radirt. fol.

J. Forrester.
2009. 4 Bl. Landschaften. P. Stephens del. Radirt. 1760. qu. 4. Selten.

C. Frommel.
2010. Der Vesuv. 1830. gr. qu. fol. Guter Druck.

F. Gabet.
2011. Waldlandschaft mit zwei Figuren. Dedié à moi même. Radirt. qu. fol. Vor der Adresse von Frauenholz.

P. Chigi.
2012. Christus das vornehmste Gebot erklärend. L. da Vinci p. qu. fol. Oben und unten ohne Rand.

L. Haach.
2013. 2 Bl. Tirolerkampfscene und zwei Räuber, nach Schubauer und Rayski. Radirt. fol.

W. Hollar.
2014. 4 Bl. Marinen. qu. fol. Gute Drucke mit P. Stent's Adresse.

2015. 3 Bl. kleine schmale Marinen. qu. 8.

A. E. Kirchner.
2016. Das gothische Chorportal. Rad. 8. Chines. Papier.

J. A. Klein.
2017. Zwei italienische Hirten zu Pferd verfolgen einen wüthenden Stier. qu. fol. Mit der Adrsse von Morasch und Skerl.

N. de Larmessin.
2018. Louis XIIII mettant le cordon bleu à Monsieur de Bourgogne. A. Watteau p. qu. fol. Ohne Plattenrand.

E. Linnig.
2019. 3 Bl. Marinen. Rad. 8.

Claude Lorrain.
2020. Der Sturm. qu. 4. R-D. 5. Spät. Druck und aufgezogen.

J. Majus und J. B. Faudt.
2021. 4 Bl. Landschaften mit Staffage. 1595. Radirt. qu. 4. Spätere Drucke.

E. Petit.
2022. Louis Quinze Roy de France. Ganze Figur. C. Vanloo p. gr. fol. Alter Druck. Im Boden ein Riss.

L. Richter.
2023. Römische Landleute versammeln sich unter den päbstlichen Fahnen. D. Lindau p. qu. fol. Wenig stockfl.

L. Schmid.
2024. Dante, nach der Todtenmaske. Rad. 1838. fol. Chinesisches Papier.

H. Schmidt.
2025. La Ste Famille. Fra Bartolomeo p. kl. fol. Wenig stockfleckig.

F. Schumann.
2026. Kohlenbrenner-Hütte. A. Thiele del. Aquat. qu. fol.

M. Steinla.
2027. Bernhard von Lindenau. Brustbild. J. Grassi p. kl. fol. Mit Nadelschrift.

F. Villamena.
2028. Die Abnehmeng Christi vom Kreuz. F. Barocci p. gr. fol. Später Druck.

A. Waterloo.
2029. Apollo und Daphne. fol. B. 126.

F. Weirotter.
2030. 2 Bl. Ruines de l'Abbaye de Saint Maur. — Fontaine près de Meulan. J. G. Wille del. qu. fol Ohne Plattenrand.

Convolut.
2031. 34 Bl. diverse Kupferstiche.

J. Basire.
2032. Lord Camden. Ganze Figur. J. Reynolds p. 1766. gr. fol. Guter Druck. Im breiten Papierrand fleckig.

Baugniet.
2033. Anna Koning-Buys. Kniestück. Lith. gr. fol. Chinesisches Papier.

J. F. Bause.
2034. Louise Augusta, Kronprinzessin v. Dänemark. A. Graff p. fol. Mit einem braunen Fleck.

St. della Bella.
2035. 3 Bl. Römische Ruinen, mit Staffage, und die Entführung. fol. Spätere Abdrücke. 1 Bl. aufgezogen.

D. Berger.
2036. Joh. Reinhold und J. Georg Forster. Medaillon. 8.

J. J. de Boissieu.
2037. Der Maler, den Greis malend. Radirt. qu. fol. Neuerer Druck.
2038. Vue du Temple du Soleil de l'arc de Tite. Rad. qu. fol. Ebenso.

G. Bretzing.
2039. Friedrich II. Ganze Figur bei dem Zelt. J. C. Frisch p. 1812. gr. fol. Mit schwachen Wasserfl.

Vinc. Brioscki.
2040. Mondnacht. Ein Russe mit seiner Frau in einem Schlitten, über welchen ein raubgieriger Adler schwebt. Tuschzeichnung und weiss gehöht. qu. fol.

A. van der Cabel.
2041. Stehende Ziege und Ziegenkopf. Oelskizze auf Pap. qu. 4.

A. Cazenave.
2042. Voltaire. Fast lebensgr. Büste nach Houdon. Kreidestich. Oval gr. fol. Wenig wasserfl.

D. Chodowiecki.
2043. U. F. B. Brückmann, Leibarzt. Medaillon. J. F. Eich p. 8.

Clement und Copia.
2044. 2 Bl. Schäferscene, und die Entführung. Boizot del. Punktirt. Ovale. 4. Hübsch in Farben auf Atlas gedruckt.

L. Cranach.
2045. Die Ehebrecherin vor Christus. N. Strixner lith. gr. qu. fol. Tondruck.
2046. Christus die Kinder segnend. H. Ott lith. gr. qu. fol. Links im Papierrand ein Riss.

D. Cunego.
2047. J. N. de Azara, Diplomat. R. Mengs p. 1781. gr fol.

Descourtis.

2048. La Reine de Prusse. Halbfigur. Aquatinta in Farben. Oval fol. Ohne Schrift.

A. Dürer.

2049. St. Hubertus. fol. B. 57. Moderne Copie auf Pappe gezogen.

J. Falck.

2050. Christina Königin von Schweden, Büste mit der Eule. fol. Guter Druck, aber bis zum Stich beschnitten.

P. Feudi.

2051. Die Reiter bei dem Marketenderzelt. Rad. 1814. 12.

J. Fittler.

2052. George III. King of Great Britain. Büste in Gewölk mit allegor. Umgebung. R. Bowyer p. fol. Vor der Schrift d. h. mit Nadelschrift. Im Rand wasserfl.

J. Dougeron.

2053. Bernardus Gigli, liess sich als Riese sehen. Ganze Figur. Millington del. gr fol.

A. Genoels.

2054. Die Landschaft mit dem Hasen. Radirt. gr. qu. fol.

J. Godby.

2055. Field Marshal Prince Koutousoff Smolensky. Kniestück. Wolkoff Russia p. Punkt. gr. fol. Schöner Druck. Papierfaltig.

Henriquel-Dupont.

2056. 3 Bl. Die Apotheose der bildenden Künstler. P. Delaroche p. qu. fol. Verkleinerte Photogr. nach dem Stich.

R. de Hooghe oder C. Dekker.

2057. Belagerung von Antwerpen (?). qu. fol. Vor der Schrift.

J. B. Jackson.

2058. Die Grablegung Christi. J. Bassano p. Holzschnitt in Helldunkel. gr. fol. Brüchig und im Rand rissig.

F. John, J. Mécou, C. Johannot.

2059. 6 Bl. Portraits von Gliedern des russischen Hofes. Brustbilder. H. Benner p. Punkt. kl. fol. Fleckig.

M. Iwanoff.

2060. Diana mit ihren Nymphen im Bade. A. Carracci p. Punkt. 1795. kl. qu. fol. Braun gedruckt. Selten.

J. S. Klauber.

2061. Elisabeth Alexiewna, Grande Duchesse de toutes les Russies. Halbfigur. E. le Brun p. gr. fol.

2062. Alexander Graf Stroganoff. Halbfigur. J. de Lampi p. fol. Moderfleckig.

263. Rodomysl, Gottheit der alten Slaven, nach Tolstoy. f.

J. Langlois.

2064. St. Lucas malt die Madonna. Raphael p. fol. Aufgezogen und beschnitten.

O. Lioni.

2065. 4 Bl. diverse Portraits. Radirt 8. Aufgezogen und sp. Dr.

J. B. Lucien.

2066. 2 Bl. Tête de Femme. Buste d'un Vieillard. E. Bouchardon del. Kreidestiche. gr. fol. Etwas wasserfl.

C. Malardot.

2067. Mondscheinlandschaft, mit einem Weiher in Gebüsch. Radirt und Aquatinta. qu. 8. -Chinesisches Papier.

P. A. Martini.

2068. Exposition au Salon du Louvre en 1787. gr. qu. fol. Interessantes Costumbl. Ohne Rand.

Cl. Mellan.

2069. Der Kopf des Heilands am Schweisstuch der Veronica. Bekannt. Stich in der Spirallinie. f. Montaiglon 25. Spät. Dr.

N. Mellini.

2070. Die Laura des Petrarca. Brustb. S. Memmi p. f. Wasserfl.

N. Mettel (Cöln).

2071. Die Anbetung der Weisen. P. P. Rubens p. fol. Seltener Druck auf gelbem Atlas.

R. Morghen.

2072. Maria mit dem Kind, la Madonna del Granduca. Raphael p. fol. Schöner Druck mit L. Bardi imprese. Im breiten Papierrand zwei Wasserflecke.

F. Müller.

2073. St. Johannes der Evangelist in Verzückung. D. Dominichino p. fol. Hauptblatt mit erster Jahrzahl 1808. Ohne Plattenrand und eingerahmt gewesen.

J. G. von Müller.

2074. Die heil. Catharina. L. da Vinci p. gr. fol.

E. Neureuther.

2075. Kaiser Maximilian verleiht Albrecht Dürer das Künstler-Wappen. Nebst Erklärungsblatt. roy f. Im Rand staubig.

J. F. L. Oeser.

2076. 2 Bl. Die Opferung Isaak's, und die Mutter der Zebedaiden, nach J. Spagnoletto und F. Verdier. Rad. fol. qu. fol. 1 Bl. auf blauem Papier.

A. Orlowsky.

2077. Brustbild eines Mannes. Originalzeichnung, geistreich in rother und schwarzer Kreide, wie die Folgenden. fol.

2078. Ganze Figur eines Russen oder Polen in Mantel und mit langem Haar, begleitet von einem Knaben. fol.

2079. Portrait eines Andern, mit umgegürtetem Säbel. fol.

F. Rehberger.

2080. Landschaft mit Kühen an einem Weiher. Rad. kl. qu. fol.

G. Reni.

2081. Die Grablegung Christi, nach F. Parmeggiano. fol. B. 46. Später Dr.

2082. Eine allegorische weibl. Gestalt auf Gewölk. Federzeichn. dem Meister zugeschrieben. qu. 4.

S. W. Reynolds.

2083. Le Comte M. Woronzow. Kniest. Th. Lawrence p. Aquatinta 1823. gr. fol. Im Rand rissig.

J. E. Ridinger.

2084. 24 Bl. Diverse Jagdvorstellungen. qu. fol. Bis zum Stich abgeschn. und aufgezogen.

J. v. Sandrart.

2085. Die Flora des Tizian. Rad. fol.

N. Schenker.

2086. 2 Bl. Jeune Villageois Moscovite. Jeune Villageoise Moscovite. Brstbdr. J. P. Gas del. Punktirt. fol.

M. Schongauer.

2087. 3 Bl. Brustb. der heiligen Jungfrau. Dabei noch 2 andere Bl. St. Magdalena nach J. Schorcel u. reich costümirtes Brustbild einer jungen Dame, nach dem Meister A. C. (A. Colyns) 1577. N. Strixner lith. Tondr. fol. gr. fol.

L. Schöninger.

2088. Portrait eines jungen Fürsten in Generalsuniform. Brustb. Galvanographie. fol. Schöner Druck ohne Schrift auf chinesischen Papier.

C. G. Schütz.

2089. 2 Bl. Die reichen Landschaften im Charakter des Rheins. Rad. qu. fol.

J. Suntach.

2090. Rembrandt's Mühle. Rembrandt p. Rad. kl. qu. fol.

R. Stanier.

2091. Die Herzogin v. Rutland vor einer Hütte sitzend, nach Stockner. Punkt. Oval. gr. fol. Nur mit dem gerissenen Namen des Stechers. Ohne Plattenrand.

Tizian.

2092. Tizian's Tochter, nach dem Bild in Berlin. Schultz lith. fol. Chinesisches Papier. Unten ein Tintenfleck.

Unbekannt.

2093. Zwei Männer stürzen einen hinter Nonnen herschleichenden Abbé in's Wasser. Kupferstich vor aller Schrift. qu. fol.

2094. Alexander I. Kaiser v. Russland. Grüne Tuschzeichnung, gelb gehöht. Oval gr. fol.

2095. 7 Bl. Schreibvorschriften in reichen Zügen von Johann Muscat in Hersbruck. qu. 4. Beschädigt.

S. Vallée.

2096. L'infidelité. Paul Veronese p. Cab. Orleans. fol.

L. da Vinci.

2097. Maria mit dem Kind u. Johannes. Neuere Bleistiftzeichnung nach dem Bild für Mr. Zir in Neapel. gr. fol.

Th. Worlidge.

2098. Portrait eines Mannes, des Meisters selbst? Rad. 8. Die Jahrzahl ausgerieben und eine Einfassungslinie mit Tinte gezogen.

H. Worms.

2099. Freiburger Münster. Stahlstich. gr. fol.

A. Zanetti.

2100. Die heilige Familie. Hinten antike Tempel. F. Parmeggiano del. In Helldunkel. kl. fol.

Convolute.

3101. 4 Bl. Die Dome zu Cöln, Strassburg, Mailand u. München. fol. gr. fol. gr. qu. fol. 1 Bl. lithographirt.

2102· 3 Bl. Portraits russischer Prinzen als Kinder. Russische Lith. Ovale. fol. Ohne Schrift u. auf chines. Papier.

2103. 13 Bl. Englische Staatsmänner der Gegenwart u. andere Englische Lithogr. qu. fol. Wasserfl. u. 2 Bl. beschädigt.

2104. 30 Bl. Diverse Portraits.

2105. über 100 Bl. Diverse Kupferstiche. Meist schlecht gehalten.

Boisseréesches Galleriewerk.

Lithographirt von N. Strixner. Auf Untersatzbogen.

2106. 2 Bl. Bruyn, B. de. St. Johannes der Evangelist u. St. Catharina. gr. fol. Etwas stockfl.

2107. Memling, H. Die Geburt Christi. gr. fol.

2108. Grünewald, M. Maria und Anna mit dem Kind Jesus. gr. fol.

2109. Bruyn, B. de Die Abnehmung Christi vom Kreuz. gr. fol.

2110. Calcar, J. v. Mater dolorosa. gr. fol.

2111. Dürer, A. St. Joseph u. Joachim. gr. fol.

2112. Die Abnehmung Christi vom Kreuz. gr. fol.

2113. Engelbrechtsen, C. Die Grablegung Christi. gr. fol.

2114. Eyck, J. van. Die Anbetung der Weisen. gr. qu. fol.

2115. Der englische Gruss. gr. fol.

2116. St. Lucas malt die Madonna. gr. fol.

2117. Die Darbringung im Tempel. gr. fol.

2118. Heemskerk, M. van. St. Mauritius. Schm. gr. fol.

2119. Leyden, Luc. van. Die Heiligen Agnes, Bartolomäus u. St. Cäcilia. gr. qu. fol.
2120. Meckenen, I. von. Der Eintritt der Marie in den Tempel. gr. qu. fol.
2121. Mabuse, J. St. Michael. gr. fol.
2122. Marées, P. des. Enthauptung des h. Mauritius. gr. fol.
2123. Meckenen, I. v. Himmelfahrt der Maria. gr. qu. fol.
2124. St. Johannes lehrend. gr. fol.
2125. Schüler des J. v. Meckenen. Die Kreuztragung Christi. gr. qu. fol.
2126. Memling, H. Abraham u. Melchisedech. gr. qu. fol.
2127. Derselbe. St. Christoph. gr. fol.
2128. Derselbe. Anbetung der Weisen. gr. fol.
2129. Derselbe. Das Mannalesen. gr. fol.
2130. Derselbe. Ausgiessung des heiligen Geistes. fol.
2131. Messys, Qu. Die Beschneidung des Jesuskindes. gr. qu. fol.
2132. Orley, B. van. Predigt des h. Norbert. gr. fol.
2133. Patenier, J. Die Versuchung Christi. gr. fol.
2134. Derselbe. Die Flucht nach Egypten. gr. fol.
2135. Schoreel, J. Die Ruhe in Egypten. fol.
2136. Derselbe. Christus am Kreuz. gr. fol.
2137. Schüler des J. Schoreel. Anbetung der Weisen .gr. q. f.
2138. Schwarz, J. Die Anbetung der Weisen. gr. fol.
2139. Meister Wilhelm v. Cöln. Der englische Gruss. gr. fol.
2140. Unbekannt. Veronica mit dem Schweisstuch. gr. fol.
2141. Maria mit dem Kind. Kölnischer Meister des 14. Jahrhunderts. fol.
2142. Ruhe in Egypten. gr. fol.
2143. Anbetung der Könige. Von einem Schüler des Meisters Wilhelm. gr. fol.
2144. Maria Christus und Magdalena. Von einem Kölnischen Meisters des 15. Jahrhunderts. gr. fol.
2145. Die Krönung der Maria. gr. fol.

Illustrirte Werke und Kunstbücher.

2146. Musée de Tzarskoe-Selo ou Collection d'Armes de sa Majesté L'Empereur de toutes les Russies. Ouvrage de 180 Pl. lith. par Asselineau d'après les dessins de A. Rockstuhl. Avec introduction histor. par Fl. Gille. St. Petersburg 1835 — 1853. 2 Bände nebst Text. gr. fol. Prachtwerk in gepresstem Lederband, die Abbildungen auf chinesis. Papier.
2147. Recueil et Parallèle des Édifices en tout genre, anciens

et modernes, dess, sur une même échelle par J. N.
L. Durand. Mit 110 Tafeln Abbildung. Bruxelles.
gr. qu. fol. Gepresster Halb-Lederband. Der Titel
stockfleckig.

2148. Darstellungen aus den Evangelien nach 40 Original-
zeichnungen von F. Overbeck. Düsseldorf. qu. fol.
In Mappe. Gute Drucke auf chines. Papier.

2149. Pittoresque Tour of the Seine from Paris to the sea.
By M. Sauvan. Mit 24 landschaftlichen Ansichten in
farbiger Aquatinta. London 1821. fol. Ppp.

2150. The northern Cambrian Mountains or a tour through
North-Wales. Mit landschaftl. Ansichten in farbiger
Aquatinta, London 1820. fol. Hlbldr.

2151. Der Cid, nach spanischen Romanzen besungen durch
J. G. v. Herder, mit Randzeichn. v. E. Neureuther.
Stuttgart 1838. gr. 8. Hlbldr.

2152. Les Portraits avec les armoiries et blasons des Messieurs
les Plenipotentiaires assemblez à Munstre et Osnabruck.
F. Bignon. sc. Paris 1648. 4. Selten, aber nicht complet,
sowie auch andere nicht zu der Folge gehörige Portraits beigelegt sind.

2153. Luc. Cranach's Stammbuch enthaltend die Abbildung
des segn. Heilandes u. die Bildnisse der vorzüglichsten
Fürsten u. Gelehrten der Reformationsgeschichte. Herausg.
von Ch. v. Mechel. 10 Kupf. nebst Text. Berlin 1814.
fol. Halbledrb.

2154. Gebäude des Mittelalters zu Gelnhausen in 24 mal. Ansichten rad. v. J. E. Ruhl. Frankfurt a. M. 1831. fol. Ppd.

2155. A picturesque Tour along ths Rheine from Mentz
to Cologne. By Baron J. J. v. Gerning. Mit 24 Kupf.
in farb. Aquatinta. London 1820. gr. 4. Halbledrb.

2156. The Keepsake for 1842 edited by the Countess of
Blessington. Mit Stahlstichen u. Holzschn. London 8.
Lwd. Der Einband defect.

2157. Das malerische und romant. Westfalen. Von F. Frei-
ligrath u. L. Schücking. Mit 30 Stahlst. Barmen.
1841. 8. Halbwd. Stockfl.

2158. Delineations of the Isle of Thanet and the Cinque Ports
by E. W. Brayley. Illustr. by W. Deeble. 2 Bde.
London 1817. 18. 8. Ldr.

2159. Vues du Couronnement de l'Empereur Nicolas I. et
l'Impératrice Alexandra à Moscou, lithogr. à Paris par
L. Courtin et V. Adam. 14 Pl. nebst Text. Paris
1828. gr. f. Ppd.

2160. Collection d'Estampes d'après quelques Tableaux de la

Galerie Stroganoff. 72 Bl. fol. Hlbfrz. Selten. Nebst Catalog in 8.

2161. Eglise de St. Isaac restaurée par Aug. de Montferrand. Mit 21 Kupf. St. Petersburg. 1820. gr. fol. Ppd.

2162. Plans, Profils, Vues perspectives et Details du Pont de Bateaux de St. Jsaac executé 1820 d'après les projects de A. de Bétancourt, publ. par H. de Traitteur. Mit 8 Abbild. St. Petersburg. gr. qu. fol. Ppp.

2163. Description de la Salle d'exercise de Moscou. Par M. de Betancourt. Mit 9 Kupf. St. Petersburg 1819. gr. fol. Ppp.

2164. 56 Bilder zu Virgils Aeneide gest. unter Leitung von C. Frommel. Carlsruhe 4. Gepresster Lederb. 2 Bl. gebräunt und andere in der Ecke etwas wasserfleckig.

2165. Tombleson's Thames. Vues de la Tamise (Themse). Kupfer nebst Text in 3 Halbfrzbänden. gr. 4.

2166. Gallerie de l'Ermitage gravée au trait. Avec la description histor. par C de Genève. 2 Bde. St. Petersburg. 1805. kl. fol. Hlbldr.

2167. Die Ufer und Inseln des mittelländischen Meeres, in Ansichten nach der Natur gez. von Leitch, Grenville, Irton u. Allen. Text von G. N. Wright, übersetzt von E. Beinckmeier. Braunschw. 1841. 4. Hlbldr.

2168. Illustr. Kalender für 1847—49. Leipzig J. J. Weber. Alle drei in einem Band. kl. fol. Hlbldr.

2169. Forget me not. A Christmas-Present for 1846, edited by Schoberl. Mit Stahlst. London 8. Eleg. Lwdbd. mit Goldschnitt.

2170. Fisher's Drawing-Room Scrap Book with poetical illustrations by L. E. L. Mit einem Stahlst. London 1832. 4. Hlbldr. mit Goldschn. Etwas gebraucht.

2171. Gemälde der Manesse'schen Handschrift v. Deutschen Dichtern des 12.—14. Jahrh. Von F. H. v. d. Hagen. Akad. Vorlesung. Mit 6 Kupf. Berlin 1854. fol. Geb.

2172. Etudes d'une maison du XVI. Siècle à Lisieux dess. et lith. par Chalamel. Paris. 8 Bl. nebst Text. fol. Wasserfleckig u. der Umschlag beschädigt.

2173. Vues pittoresques depuis Francfort jusqu'à Cologne — par le General-Major Howen. 36 Lith. auf chines. Papier. Paris 1824. fol. Hlbldr.

2174. Panorama de Helsingfors, lith. par L. H. Strömer, suivie d'une notice histor. par Berndtson. Helsingfors 1848.

2175. Shakspeare's Seven Ages of Man illustrated by Th.

Stothard u. W. Bromley. Mit 8 punkt. Kupferstich. fol. Geh.

2176. Il Maggio romanesco. Ultima Opera di B. Pinelli eseguita 18 ore prima della sua morte. 9 Bl. Rad. qu. fol. Geh. Fleckig.

2177. Facsimile v. Handschriften berühmter Männer u. Frauen, bekannt gemacht u. lithogr. durch W. Dorow. Heft 1. 3. Berlin 1836. 37.

2178. Voyage en Islande et au Groenland exceuté 1835 et 1836 sur la Corvette „La Recherche" dans le but de decouvrir les traces de la Lilloise publ. par Ordre du Roi sous la direction de P. Gaimard. 12 Hefte m. vielen Abbildungen. Paris. gr. fol. Nicht complet.

2179. Etudes d'arbres dess. sur pierre par C. Kügelgen 1819. 6 Bl. St. Peters urg. gr. fol. Geh.

2180. Die Schweiz von H. Zschocke. Mit Stahlst. Carlsruhe 8. Ppd. Der Einband etwas mitgenommen.

2181. L'art de l'escrime (Fechtkunst) dans tout son étendue, v. B. Fischer. Mit Abbild., russischem u. französ. Text. 1796. 4. Geh. Fleckig, u. im Titelkupf. ein Loch.

2182. Recueil d'Antiquités égyptiennes, etrusques, grecques et romaines. Mit vielen Kupf. (Paris 1835.) 4. Lederb. Einige Kupfer abgeschnitten.

2183. Costume des anciens peuples par Dandré Bardon. Paris 1772. Nebst Atlas. 4. Illbldr. Auf dem Titel ein Name ausgekratzt.

2184. Gallerie der Meisterwerke altdeutscher Holzschneidekunst in facsim. Nachbild. Herausgeg. von A. von Eye und J. Falke. Lief. 1—8, jede zu 3 Bl. Nürnberg 1857—1859. gr. fol.

2185. J. von Sandrart, Deutsche Academie der Bau-Bildhauer- und Maler-Kunst. 2. Band des III. Haupttheils, mit den Künstlerportraits. Nürnberg 1774. fol. Illbldr.

2186. Allgem. Künstlerlexicon von J. R. Füessli. Zürich 1779. fol. Ldr.

2187. Allgem. Künstlerlexicon von J. R. Fürssli. Zürich 1763. Nebst Supplement. 4. Lldr. Stockfl.

2188. Geschichte der neueren deutschen Kunst von A. Graf Raczynsky, übersetzt von S. H. v. d. Hagen. 3 Bde. nebst Atlas in qu. fol. Berlin 1841. 4. Papbd. und Mappe. Der Titel stockfl.

2189. Deutsches Kunstblatt — redigirt von F. Eggers. Mit Illustrat. 5 u. 6. Jahrg. Berlin 1854. 55. gr. 4. Lwd.

2190. Deutscher Kunst-Kalender auf 1860. Von M. Schasler. Berlin 1859. 8. Illbfrz.

2191. Handbuch der Kunstgeschichte von F. Kugler. 3 Aufl. Mit Illustr. 2 Bde. Stuttgart 1856. 8. Hlbfg.

2192. Natur, Volksleben, Kunst u. Alterthum in Italien. Von K. F. Scholler. 2 Bde. Leipzig 1831. 8. Hlbldr.

2193. A classified Synopsis of the principal Painters of the Dutch and Flemish Schools. By G. Stanley. London 1855. 8. Ppd.

2194. Geschichte der zeichnenden Künste von ihrer Wiederauflebung bis auf die neuesten Zeiten von Sivrillo 9 Bde. Göttingen 1806. 8. Lwdb.

2195. Histoire de la vie et des oeuvres de Raphael par Quatremère de Quincy. Paris 1824. 8. Hlbldr. Auf dem Titel ein Tintenfleck.

2196. Raphael Sanzio's von Urbino Leben u. Werke. Von G. H. Braun. 2. Aufl. Wiesbaden 1819. 8. Hlbldr.

2197. Leon. da Vinci. Von H. Graf v. Gallenberg. Leipz. 1834. 8. Hlbldr.

2198. Joh. van Eyck u. seine Nachfolger. Von J. Schopenhauer. 2 Bde. Frankf. a. M. 1822. 8. Hlbfrz.

2199. Les trois Frères van Eyck. J. Memling. Notes recueillies par C. Carton. Bruges 1848. 8. Geh.

2200. Ueber H. u. J. van Eyck. Von G. F. Waagen. Breslau 1822. 8. Lwd.

2201. Guido Reni et Qu. Messys ou revers et prosperité par Mr. Abbema et Caroline Pichler. Paris 1838. 8. Hlbldr.

2202. Leben und Werke der berühmtesten Maler, von F. O. Heinrich. 1. Bd. 1—4. Lief. Berlin 1853. 8.

2203. Andrea del Sarto. Von A. Reumont. Leipzig 1835. 8. Geh.

2204. H. Holbein der Jüngere. Von U. Hegner. Berlin 1827. 8. Hlbldr.

2205. Jost. Amman. Von C. Becker. Mit Illustr. Leipzig 1854. 4. Ppd.

2206. Essai d'un catalogue des Artistes originaires des Pays-Bas ou employés à la cour des Ducs de Bourgogne. Par le Comte de Laborde. Paris 1859. 8. Geh.

2207. Ulm's Kunstleben im Mittelalter. Von C. Grüneisen u. E. Mauch. Mit Kupf. Ulm 1840. 8. Ppd.

2208. Nürnbergs Kunstleben in seinen Denkmalen dargestellt von R. v. Rettberg. Mit Illustr. Stuttg. 1854. 8. Geh.

2209. Die christliche Kunst in Spanien. Von J. D. Passavant. Leipzig 1853. 8. Ppd.

2210. Geschichte der Holzschneidekunst. Von J. Heller. Bamberg 1823. 8. Ppd.

2211. Aesthetik. Von F. Ficker. 2 Aufl. Wien 1840. 8. Hlbldr. Stockfl.

2212. Die Hauptperioden der schönen Kunst, von A. Wendt. Leipzig 1831. 8. Illbfz.

2213. Geschichte der bildenden Künste bei den christlichen Völkern, von G. Kinckel. 1. Lief., die altchristl. Kunst. Mit 8 Taf. Bonn 1845. 8. Hlbldr.

2214. Handbuch der Geschichte der Malerei in Deutschland, den Niederlanden, Spanien, Frankreich u. England. Von F. Kugler. Berlin 1837. 8. Hlbldr.

2215. Nachrichten von dem Leben u. den Werken Kölnischer Künstler. Von J. J. Merlo. Köln 1850. 8. Lwd.

2216. Raisonnirendes Verzeichniss alter Kupfer- und Eisenstiche A. Dürer's. (Von H. S. Hüsgen.) Frankf. a. M. 1778. 8. Geh.

2217. C. G. von Murr's Beiträge zu der Geschichte der ältest. Kupferstiche. Mit 5 Kupfern. Augsburg 1805. 4. Ppd.

2218. Kunstwerke und Künstler in Deutschland. Von G. F. Waagen. 2. Thle. Leipz. 1843, 45. 8. Geh.

2219. Kunstwerke und Künstler in Paris. Von G F. Waagen. Berlin 1839. 8. Lwd.

2220. Die wichtigsten Städte am Mittel- und Niederrhein mit Bezug auf alte und neue Werke der Kunst. Von W. Füssli. 2 Bde. Zürich 1843. 8. Lwd. Gebraucht.

2221. Füessli's Geschichte der besten Künstler in d. Schweiz nebst ihren Bildnissen. 3 Bde. nebst Anhang. Bd. 2 fehlt. Zürich 1767 — 79. 8. Hlbldr. Etwas gebraucht.

2222. Die Deutsche Glasmalerei. Von W. Wackernagel. Leipzig 1855. 8. Geh.

2223. Conversations-Lexicon für bildende Kunst. Von F. Faber. 6 Bde. u. 4. Hefte (soweit erschienen). Mit Illustrationen. Leipzig 1845 — 57. 8. Geh.

2224. Römische Briefe von einem Florentiner 1837. 2 Thle. Leipzig 1840. 8. Ppd.

2225. Luc. Cranach's Leben u. Werke von J. Heller. 2 Aufl. Nürnberg 1854. 8. Hlbldr.

2226. Abrégé de la vie des Peintres dont les tableaux composent la Galerie electorale de Dresde. Dresde 1782. 8. Schwldr.

2227. Der christliche Bilderkreis. Von J. Hack. Schaffhausen 1856. 8. Illbfrz.

2228. Anleitung zur Beurtheilung der Kunstwerke der Malerei für Kunstliebhaber. Altenburg 1804. 8. Hlbldr.

2229. Christl. Kunstsymbolik und Ikonographie. Frankf. a. M. 1839. 8 Ppd.

2230. Die Baseler Todtentänze. Von H. F. Massmann. Nebst Atlas in 4. Stuttg. 1847. 8. Ppd.

2231. Ueber die Entstehungszeit u. den Meister des Grossbasler Todtentanzes. Von F. Fischer. Broschüre. 4.

2232. Bildersaal altdeutscher Dichter. Von F. H. v. d. Hagen. Nebst Atlas. Berlin 1856. 4. Hlbldr.

2233. Wappenbuch sämmtlicher zur Estländischen Adelsmatrikel gehöriger Familien, herausgeg. v. P. E. Damier. Reval 1837. 4. Hlbfrz.

2234. Livre d'or de la Noblesse de France, publié sous la direction de M. de Magny. Mit vielen Wappen. Paris 1844. gr. 4. Illbfrz.

2235. Allgemeiner Portrait-Katalog von W. Drugulin. Leipz. 1860. 8. Ppd.

2236. Mémoires de la Société d'archéologie et de Numismatique de St. Petersbourg, par B. de Köhne. Bd. 1 — 5. 8. Eleg. Ldwbe. mit Goldschnitt. Mit vielen Abbildungen.

2237. Memoires de la Société royale des Antiquaires du Nord. 1840 — 1849. 4 Bde. Copenhagen. 8. Geh.

2238. Das römische Denkmal in Igel und seine Bildwerke, v. Osterwald u. Zumpft. Coblenz 1829. 4. Geh. Die Kupf. fehlen. Stockfleckig.

2239. Leitfaden zur nordischen Alterthumskunde, herausgeg. von der k. Gesellschaft für nordische Alterthumskunde. Copenhagen 1837. 8. Geh.

2240. Recueil d'Antiquités trouvées à Avenches à Culm (Suisse) par Schmidt. Mit Abbild. Berne 1755. 4 Hebldr.

2241. Ueber das Studium der Antiquitäten des Mittelalters, v. F. Börsch. Marburg. 4. Geh.

2242. Beiträge zur Erläuterung der Obotritischen Alterthümer. Von A. G. Masch. Schwerin 1774. 4. Illbldr.

2243. Die indische Mythologie herausgeg. v. Dorow. Mit 3 Kupf. Wiesbaden 1821. 4. Geh. Auf dem Titel ein brauner Fleck.

2244. Antiquités de l'Orient. Monuments runographiques. Par C. C. Rafn. Copenhague 1856. 8. Geh.

2245. Nordiska Forulemningar (heidnische Alterthümer) af J. G. Lilijegren och C. G. Brunius. Heft 1—12. Stockholm 1819. Mit Abbild. 8. Geh.

2246. Die Vasen-Samml. der kais. Eremitage. Von L. Stephani. 2 Bde. Mit Abbild. St. Petersburg 1869. gr. 8. Geh.

2246a. Die Museen und Kunstwerke Deutschlands von H. A. Müller. 2 Bde. Leipzig 1857. 8. Illbfrz.

2247. Die Kunstwerke der belgischen Städte. Erläutert von J. Burckhardt. Düsseldorf 1842. 8. Geh.

2248. Ermitage impérial. Catalogue de la Gallerie des Tableaux. St. Pétersbourg 1863. Par B. de Köhne. Illbfrz.

2249. Wien. Die Kaiserstadt, beschrieben von A. Schmidt. 4. Aufl. Wien 1843. 8. Ppd.

2250. Beschryving van alle de Schilderyen of het Stadhuis v. Amsterdam. Door J. van Dyk. 1790. 8. Ppp.

2251. Guide de Gênes et des ses environs. 1833. Mit Kupf. 8. Geh.

2252. Beschreibung der Gemälde-Gallerie des königl. Museums zu Berlin. Von F. Kugler. Berlin 1838. 8. Geh.

2253. Beschreibung der königl. Kunstkammer zu Berlin von F. Kugler. Berlin 1838. 8. Geh.

2254. Ein Ausflug nach Rügen. Von G. Rasch. Mit Illustr. Leipzig 1856. 8. Geh.

2255. Dresdener Gallerie-Buch. Von einem Kunstfreunde. Dresden 1856. 8. Cart.

2256. Die königl. Museen von Berlin. Von M. Schasler. Berlin 1861. 8. Geh.

2257. Verzeichniss der Gemälde der königl. Bildergallerie in Copenhagen. Von C. L. le Maire. Copenhagen 1839. 8. Geh.

2258. Histoire du gros Tonneau de 'Heidelberg Par Ch. de Graimberg. Mannheim 1828. 8. Geh.

2259. Notice des Tableaux exposés dans pe Musée royal. Paris 1846. 8. Geh.

2260. Notice sur le Musée de Tsarskoe-Selo. Mit Illustr. St. Petersburg 1860. 8. Geh. Wasserfl.

2261. Real Museo de Pintura. zu Madrid. Por P. de Madrazo. Madrid 1850. 8. Geh.

2262. Musée des Thermes et de l'Hotel de Cluny. Catalogue. Paris 1852. 8. Geh.

2263. 2 Hefte. Verzeichnisse der Gemälde und Bildhauerarbeiten des K. Museums zu Stockholm 1841. 8. Geh.

2264. Verzeichniss der k. Gemäldegallerie in Dresden. Von J. Hübner. Dresden 1857. 8. Ppd.

2265. Das grüne Gewölbe in Dresden. Von A. B. v. Landsberg. Dresden 1843. 8. Geh.

2266. Verzeichniss der Kunstgegenstände des Städel'schen Instituts. Frankf. a. M. 1835. 8. Geh.

2267. Münchens öffentl. Kunstschätze im Gebiet der Malerei. Von J. M. Schottky. München 1833. 8. Geh.

2268. Catalogue des tableaux, dessins etc. de la Galerie du feu Comte Algarotti à Venise 1753. 8. Geh.

2269. Verzeichniss der Gemälde des Winkler'schen Cabinets in Leipzig, mit den Verkaufspreisen 1819. Leipzig. 8. Geheftet.

2270. Weimar's Merkwürdigkeiten einst und jetzt. Von A. Schöll. Weimar 1847. 8. Lwd.

2271. Beschreibung des Movers'schen Cabinets zu Hamburg. 1770. 8. Atlasband mit Goldschn.

2272. Die Kupferstichsammlung des Freiherrn C. F. L. F. v. Rumohr. Beschrieben von Frenzel. Lübeck 1846. 8. Geheftet.

2273. Katalog der Sternberg-Manderscheidchen Kupferstich-sammlung, von Frenzel. 4. Band, französische und englische Schule, sowie die Bildnisssammlung. Dresden 1842. 8. Mit den Preisen.

2274. Rud. Weigel's Kunstkatalog. Bd. I—III. Leipzig 1840 bis 1844. 8. Halbldr.

2275. Desselben 27. Abtheilung, die Künstlerportraits. 1856. Mit Papier durchschossen und gebraucht. Halbldrb.

2276. 7 diverse ältere Galleriekataloge.

2277. Ein Band mit 24 geistvollen Kreidezeichnungen, meist Köpfe nach französischen Meistern. Von einem Russen (Orlowsky(?). fol.

2278. J. R. Füsslin's kritisches Verzeichniss der bessten Kupferstiche 1—4 Thl. Die italienischen und nieder-ländischen Schulen. Zürich 1798. 8. Ppd.

2279. Dasselbe. Bd. 1 und 2. Illbldr.

2280. J. C. Füesslins rais. Verzeichniss der vornehmsten Kupfer-stecher und ihrer Werke. Zürich 1771. 8. Illbdr. Papier-durchschossenes Exemplar mit handschriftl. Notizen.

2281. Meusel's Miscellaneen artistischen Inhalts, Heft 1—30, und Neue Miscellaneen, Stück 1—10. Erfurt 1779—85. Leipzig 1795 —99. 1 Kupfer fehlt. 8. Illbldr.

2282. Derselbe, Archiv für Künstler und Kunstfreunde. 2 Bde. Neues Museum für Künstler. 4 Hefte. Leipig 1805—7. Leipzig 1794. 8. Ppd. u. Geh.

2283. Christliches Kunstblatt. Von Grüneisen, Schnaase und Schnorr v. Carolsfeld. Jahrgänge 1859 und 1867, jeder zu 12 Nummern. 8.

2284. Handbuch der Miniatur- und Gouache-Malerei von Con-stant-Viguier. Quedlinburg 1841. 8. Geh.

2285. Handbuch der gesammten Photographie, von A. Martin. 5. Aufl. Wien 1857. 8. Lwd. 1 Bl. fleckig.

2286. A. Pozzo. Der Maler und Baumeister Perspektive von J. Boxbarth. I. Theil. Augsb. 1708. 8. Illbschwsbd. Etwas defect.

2287. Zergliederung der Schönheit von W. Hogarth. Uebersetzt von C. Mylius. Mit Kupf. Berlin 1754. 4. Illbschwld.
2288. Ein starker Band mit vielen Kupfern zu einer Reisebeschreibung des 18. Jahrh. 4. Hlbschwldr.
2289. 21 Leipziger Kupferstich-Auctionskataloge aus den Jahren 1862—67. Zum Theil mit Preisen.
2290. Denkmale der Baukunst vom 1. bis 13. Jahrhundert am Niederrhein. Von S. Boisserée. 12 Lieferungen. München, lith. artist. Anstalt, 1842.
2291. Bartsch, A. Anleitung zur Kupferstichkunde. 2 Bde. Wien 1821. 8. Hbfrz.
2292. Rost und Huber, Handbuch für Kunstliebhaber und Kupferstichsammler. 9 Bände. Zürich 1790—1808. 8. Completes Exempl. dieses immer noch schätzbaren Buches. Hbfrz.
2293. J. F. Christ, Auslegung der Monogramme der Maler und Kupferstecher. Leipzig 1747. 8. Pppbd.
2294. Rud. Weigel's Kunstkatalog. Band 1—4. oder Heft 1—28. Leipzig 1838 etc. Pppbd. Geschätzter Katalog, in den ersten Heften bereits vergriffen.
2295. Heller J., Geschichte der Holzschneidekunst. Mit Holzschnitten. Bamberg 1823. 8. Pppbd.
2296. Andresen, A. Die deutschen Maler-Radirer des 19. Jahrhunderts, nach Leben und Werken. 3 Bde. (So viel erschienen). Leipzig 1866—69. 8.
2297. Drugulin, W. Histor. Bilderatlas. Die Chronik in Flugblättern vom 15. bis 19. Jahrhundert. Leipzig 1867. 8. Geschätzter räsonnirender Katalog aller bildlichen sich auf die politische Geschichte beziehenden Darstellungen in Kupferstich und Holzschnitt.
2298. Catalogue rais. de toutes les pièces qui forment l'oeuvre de Rembrandt, par Helle et Glomy. Paris 1751. 8. Frzbd.
2299. Katalog der Kunstsammlung des Freih. Rolas Du Rosey. 3 Bde. Leipzig 1863. 64.
2300. Parthey, G. Kurzes Verzeichniss der Hollar'schen Kupferstiche. Auszug aus dem grössern Werk. Berlin 1853. Boschirt.
2301. Unger, M. Das Wesen der Malerei begründet durch die in den Kunstwerken der bedeutendsten Meister enthaltenen Principien. Leipzig 1851. 8. Pppbd.

Versteigerungspreise
der
Kunst-Auction vom 13. Juni 1870.

Wo unter den Limiten weggegangen, entsprachen die Gegenade etc. nicht den Anforderungen meiner Herren Committenten.

Dr. A. Andresen.

Nummer	Rℓ.	Ngr.	Nummer	Rℓ.	Ngr.	Nummer	Rℓ.	Ngr.	Nummer	Rℓ.	Ngr.
-168	36	15	200	—	13	232	—	4	264	—	8
69	—	9	201	—	11	233	—	6	265	—	6
70	—	4	202	1	13	235	2	20	266	—	1
71	—	1	203	1	20	236	2	21	267	—	6
72	—	9	204	1	18	237	1	—	268	—	6
173	—	14	205	—	20	238	—	14	269	—	18
175	1	13	206	—	12	239	—	16	270	1	—
176	2	26	207	—	14	240	—	10	271	2	17
177	2	5	208	—	12	241	—	22	272	1	26
178	4	—	209	2	—	242	—	6	273	1	8
179	1	19	210	1	7	243	4	—	274	2	—
180	—	5	211	—	8	244	7	20	275	1	10
181	—	—	212	—	6	245	2	8	276	1	6
182	—	17	213	—	1	246	3	1	277	1	15
183	7	—	214	—	21	247	—	1	278	7	12
184	—	1	215	—	—	248	—	5	279	3	4
185	—	7	216	—	—	249	—	—	280	—	4
186	1	7	217	1	8	250	1	2	281	—	6
187	7	—	218	—	—	251	1	4	282	2	14
188	2	—	219	1	6	252	—	28	283	—	6
189	—	1	220	—	10	253	—	5	284	—	9
190	—	13	222	—	12	254	1	29	285	—	20
191	—	22	223	—	1	255	—	13	286	3	—
192	1	2	224	—	14	256	—	8	287	—	4
193	12	—	225	—	24	257	2	25	288	9	—
194	—	8	226	—	7	258	2	—	289	2	20
195	1	6	227	—	6	259	1	20	290	10	—
196	1	—	228	—	3	260	1	4	291	12	—
197	1	8	229	—	12	261	—	18	292	3	4
198	—	—	230	—	3	262	—	8	293	1	18
199	2	17	231	—	2	263	—	17	294	8	—

Nummer	R_p	Ngr	Nummer	R_p	Ngr	Nummer	R_p	Ngr	Nummer	R_p
295	—	8	342	5	—	397	—	12	444	2
296	7	1	343	7	16	398	—	—	445	—
297	1	10	344	—	3	399	—	2	446	1
298	—	2	345	—	8	401	5	—	447	—
299	—	16	346	1	20	402	—	3	448	1
300	—	5	347	1	26	403	2	20	449	—
301	—	—	348	1	8	404	2	5	450	—
302	1	4	349	1	6	405	17	1	451	2
303	—	14	350	—	11	406	1	8	452	2
304	—	10	351	—	2	407	1	6	453	4
305	—	10	352	1	5	408	1	2	454	1
306	6	1	353 ⎫			409	2	3	455	—
307	—	17	354 ⎪			410	1	5	456	—
308	—	—	355 ⎪			411	1	21	457	1
309	1	29	356 ⎪			412	—	28	458	3
310	3	1	357 ⎪			413	1	17	459	1
311	3	28	358 ⎬	6	2	414	—	10	460	—
312	1	4	359 ⎪			415	—	20	461	—
313	3	8	360 ⎪			416	2	16	462	—
314	—	8	361 ⎪			417	—	20	463	—
315	—	12	362 ⎪			418	1	21	464	2
316	2	20	363 ⎪			419	—	11	465	—
317	—	2	364 ⎪			420	2	13	466	2
318	1	15	365 ⎪			421	1	20	467	—
319	—	3	366 ⎭			422	2	8	468	—
320	—	1	367	11	6	423	—	5	469	—
321	—	11	368	—	10	424	—	28	470	—
322	—	18	369	—	3	425	1	12	471	1
323	1	7	370	3	6	426	—	13	472	1
324	3	28	371	1	8	427	—	13	473	—
325	1	14	372	—	8	428	—	13	474	—
326	1	—	373	—	7	429	—	14	475	1
327	—	5	374	—	13	430	—	15	476	—
328	—	11	375	4	17	431	—	3	477	—
329	—	17	376	—	5	432	—	12	478	—
330	2	6	377	—	12	433	1	—	479	—
331	—	5	378	1	20	434 ⎫	1	1	480	—
332	1	7	379	1	15	435 ⎭			481	—
333	—	23	380	—	5	436	1	—	482	—
335	—	4	390	17	1	437	4	20	483	—
336	-	26	391	10	1	438	—	3	484	5
337	-	6	392	6	12	439	3	5	485	—
338	-	12	393	3		440	—	4	486	—
339	1	28	394	2	10	441	—	4	487	—
340	2	23	395	4	—	442	2	6	488	—
341	—	8	396	—	21	443	—	8	489	5

Nummer	Rp.	Ngr.	Nummer	Rp.	Ngr.	Nummer	Rp.	Ngr.	Nummer	Rp.	Ngr.
490	—	6	536	2	12	582	13	3	628	—	7
491	3	1	537	1	9	583	1	1	629	—	8
492	1	1	538	3	15	584	—	6	630	—	3
493	2	26	539	—	—	585	—	10	631	—	3
494	—	21	540	—	6	586	—	21	632	1	1
495	13	—	541	—	6	587	—	2	633	1	26
496	2	13	542	—	8	588	—	14	634	1	1
497	2	26	543	—	2	589	—	6	635	2	21
498	6	18	544	2	—	590	—	—	636	2	1
499	—	9	545	—	26	591	1	4	637	—	15
500	1	10	546	—	29	592	—	—	638	—	10
501	1	20	547	—	2	593	—	5	639	—	8
502	2	5	548	4	1	594	—	6	640	—	10
503	1	9	549	—	5	595	1	12	641	—	10
504	—	—	550	16	10	596	—	24	642	2	20
505	1	7	551	2	8	597	1	18	643	—	8
506	—	1	552	—	6	598	—	3	644	1	14
507	—	25	553	—	6	599	—	3	645	3	5
508	—	9	554	1	5	600	—	5	646	—	13
509	—	1	555	2	20	601	—	15	647	2	2
510	—	10	556	—	6	602	2	15	648	2	2
511	—	—	557	1	—	603	1	1	649	—	1
512	—	10	558	—	—	604	1	1	650	1	15
513	1	8	559	1	3	605	—	9	651	—	—
514	1	—	560	—	10	606	2	12	652	—	3
515	2	15	561	6	—	607	—	4	653	3	15
516	1	—	562	—	2	608	—	25	654	—	26
517	2	19	563	3	10	609	4	1	655	5	—
518	—	2	564 }			610	—	1	656	—	6
519	—	1	565 }	1	16	611	—	4	657	—	2
520 }			566 }			612	—	1	658	8	1
521 }	—	19	567	—	27	613	7	—	659	1	6
522 }			568	—	2	614	7	8	660	—	1
523	—	4	569	—	18	615	2	6	661	3	15
524	—	4	570	2	1	616	10	—	662	3	29
525	—	5	571	5	6	617	2	20	663	—	6
526	—	11	572	1	3	618	3	1	664	—	7
527	—	3	573	6	20	619	1	1	665	3	25
528	—	3	574	4	16	620	3	12	666	—	12
529	—	16	575	1	12	621	4	1	667	—	—
530	1	20	576	1	22	622	—	1	668	—	21
531	1	4	577	—	9	623	—	13	669	—	21
532 }	5	25	578	—	25	624	1	2	670	—	12
533 }			579	—	—	625	—	25	671	—	5
534	2	6	580	—	11	626	—	6	672	30	—
535	1	—	581	—	11	627	—	—	673	—	31

Nummer	R.	Ngr.	Nummer	R.	Ngr.	Nummer	R.	Ngr.	Nummer	R.	Ng.
674	—	13	720	1	15	766	—	8	812	1	1
675	—	18	721	2	1	767	—	12	813	—	1
676	—	20	722	1	1	768	—	14	814	4	26
677	1	13	723	1	18	769	—	5	815	—	22
678	1	—	724	4	20	770	—	5	816	—	2
679	—	20	725	—	8	771	—	1	817	—	1
680	—	10	726	—	2	772	1	21	819	2	8
681	2	14	727	1	17	773	—	1	820	—	11
682	2	6	728	—	—	774	18	—	821	10	20
683			729	2	18	775	1	16	822	—	8
684	—	4	730	—	20	776	—	18	823	—	—
685			731	—	1	777	4	8	824	—	2
686	—	10	732	—	—	778	8	—	825	1	1
687	—	5	733	1	9	779	—	7	826	2	12
688	—	2	734	—	13	780	—	6	827	—	18
689	2	—	735	—	11	781	—	6	828	—	12
690	3	—	736	—	11	782	—	7	829	—	6
691	2	21	737	—	1	783	—	—	830	—	2
692	—	1	738	—	10	784	—	8	831	—	13
693	—	—	739	—	16	785	—	—	832	—	13
694	—	2	740	1	12	786	—	1	833	1	3
695	2	20	741	—	2	787	—	23	834	2	1
696	—	2	742	—	1	788	2	25	835	—	20
697	1	16	743	—	25	789	—	1	836	—	15
698	1	17	744	1	20	790	—	5	837	1	6
699	—	5	745	1	8	791	—	19	838	—	22
700	—	2	746	1	5	792	—	3	839	1	13
701	—	23	747	—	15	793	1	16	840	1	2
702	—	3	748	2	13	794	1	—	841	1	15
703	1	15	749	3	—	795	—	3	842	1	16
704	1	5	750	—	2	796	1	12	843	12	—
705	—	6	751	—	12	797	—	4	844	2	20
706	—	13	752	—	2	798	—	14	845	—	20
707	—	13	753	—	7	799	—	22	846	1	17
708		11	754	—	9	800	—	13	847	—	16
709	—	1	755	2	20	801	1	1	848	—	15
710	—	6	756	1	1	802	—	12	849	—	—
711	—	15	757	—	18	803	—	6	850	1	29
712	1	8	758	—	4	804	—	2	851	2	18
713	1	16	759	—	6	805	12	1	852	1	3
714	9	—	760	2	—	806	—	2	853	—	1
715	1	6	761	—	3	807	—	12	854	—	9
716	—	25	762	—	15	808		8	855	—	29
717	1	6	763		19	809		1	856	1	26
718	—	10	764		20	810	—	2	857	1	11
719	—	3	765	4	—	811	4	—	858	—	16

Nummer	Rt.	Ngr.	Nummer	Rt.	Ngr.	Nummer	Rt.	Ngr.	Nummer	Rt.	Ngr.
859	7	1	905	—	16	951	1	8	998	1	11
860	5	1	906	—	13	952	2	20	999	1	11
861	—	29	907	—	7	953	—	8	1000	1	11
862	1	1	908	—	3	954	—	—	1001	—	23
863	—	2	909	18	25	955	2	10	1002	—	18
864	1	24	910	—	19	956	—	16	1003	—	17
865	5	5	911	2	—	857	3	—	1004	—	11
866	—	12	912	—	1	958	—	5	1005	—	10
867	3	2	913	—	1	959	—	27	1006	—	5
868	—	1	914	—	—	960	—	5	1007	—	5
869	—	10	915	—	1	961	—	8	1008	—	8
870	—	10	916	8	1	962	—	4	1009	5	—
871	—	6	917	—	11	963	—	18	1010	—	11
872	—	—	918	—	10	964	—	2	1011	—	9
873	—	28	919	—	10	965	8	—	1012	—	1
874	—	28	920	—	1	966	10	—	1013	6	21
875	—	8	921	10	—	967	—	—	1014	—	23
876	—	9	922	—	18	968	—	1	1015	—	16
877	—	21	923	1	1	969	—	12	1016	5	18
878	—	6	924	—	15	970	—	9	1017	3	1
879) 880)	—	8	925	—	9	971	—	20	1018	—	6
			926	—	15	872	—	6	1019	—	1
881	2	1	927	2	10	973	—	—	1020	—	15
882	—	2	928	—	15	974	—	4	1021	—	8
883	—	7	929	—	4	975	—	5	1022	—	7
884	—	15	930	—	12	976	—	2	1023	—	2
885	—	6	931	25	—	977	1	12	1024	2	—
886) 887)	—	3	932	—	—	978	—	5	1025	—	1
			933	1	3	979	4	—	1026	—	15
888	—	4	934	—	13	980	—	11	1027	—	29
889	—	12	935	—	2	981	3	20	1028	1	—
890	1	—	936	1	5	982	4	20	1029	1	2
891	—	12	937	—	12	943	—	10	1030	1	5
892	—	3	938	—	4	984	—	3	1031	—	1
893	1	—	939	—	2	985	—	22	1032	—	18
894	—	1	940	2	—	986	—	25	1033	—	4
895	—	1	941	2	10	987	—	1	1034	—	14
896	—	2	942	—	5	988	—	12	1035	—	1
897	—	20	943	1	2	989	—	7	1036	12	1
898	—	7	944	—	1	990	3	22	1037	—	2
899	—	7	945	—	10	991	—	2	1038	1	12
900	—	6	946	—	10	992	—	2	1039	—	10
901) 902)	—	1	947	—	6	993	2	24	1040	1	4
			948	—	10	995	1	13	1041	1	4
903	—	2	949	2	12	996	1	13	1042	—	22
904	—	17	950	1	12	997	—	16	1043	—	6

Nummer	ℛ	Ngr	Nummer	ℛ	Ngr	Nummer	ℛ	Ngr	Nummer	ℛ	Ngr
1044	6	15	1092	—	4	1138	—	2	1184	—	2
1045	—	17	1093	9	1	1139	1	12	1185	—	1
1046	—	2	1094	1	21	1140	—	23	1186	—	10
1047	—	—	1095	—	8	1141	—	9	1187	—	—
1048	—	5	1096	1	20	1442	—	7	1188	—	20
1049	—	1	1097	—	3	1143	—	7	1189	—	12
1050	—	15	1098	—	1	1144	—	9	1190	—	17
1051	—	6	1099	—	1	1145	1	6	1191	—	8
1052	—	10	1100	1	20	1146	—	5	1192	—	9
1053	15	10	1101	4	—	1147	1	1	1193	4	0
1054	1	5	1102	1	1	1148	—	6	1194	1	4
1055	1	11	1103	1	25	1149	—	10	1195	1	20
1056	1	11	1104	—	2	1150	1	20	1196	1	5
1057	—	—	1105	1	5	1151	—	4	1197	—	2
1058	—	10	1106	—	3	1152	—	20	1198	—	2
1059	—	23	1107	—	16	1153	—	2	1199	1	20
1060	—	5	1108	—	16	1154	—	1	1200	1	10
1061	—	2	1109	—	16	1155	—	2	1201	1	13
1063	5	5	1110	—	1	1156	—	21	1202	—	5
1064	—	12	1111	—	5	1157	—	2	1203	—	
1065	—	2	1112	—	16	1158	—	5	1204	1	
1066	—	16	1113	—	2	1159	—	7	1205	—	1
1067	—	18	1114	4	1	1160	1	2	1206	—	5
1068	—	14	1115	—	4	1161	2	12	1207	—	15
1069	—	14	1116	—	2	1162	—	6	1208	—	5
1070	—	11	1117	—	—	1163	—	5	1209	1	10
1071	—	4	1118	—	2	1164	1	3	1210	—	10
1072	—	3	1119	—	10	1165	—	2	1211	—	
1073	1	—	1120	—	2	1166	—	1	1212	—	15
1074	2	11	1121	1	2	1167	—	1	1213	—	14
1075	—	1	1122	1	25	1168	—	1	1214	—	15
1076	3	11	1123	1	25	1169	—	1	1215	—	1
1077	—	1	1124	5	—	1170	1	8	1216	—	20
1078	1	2	1125	4	6	1171	1	8	1217	2	0
1079		22	1126	1	1	1172	—	6	1218	—	1
1080	—	—	1127	—	12	1173	1	24	1219	—	
1081	—	1	1128	—	6	1174	—	4	1220	—	23
1082	—	10	1129	1	21	1175	—	24	1221	—	2
1083	2	10	1130	1	21	1176	—	1	1222	—	
1085	—	14	1131	—	1	1177	—	1	1223	1	
1086	2	4	1132	—	2	1178	—	4	1224	—	8
1087	—	3	1133	2	12	1179	—	10	1225	5	—
1088	3	1	1134	10	10	1180		10	1226	—	10
1089		10	1135	3		1181	—	15	1227	—	18
1090		5	1136	1	21	1182	1	23	1228	—	4
1091	—	23	1137	—	5	1183	—	12	1229	—	

Nummer	Rp.	Ngr.	Nummer	Rp.	Ngr.	Nummer	Rp.	Ngr.	Nummer	Rp.	Ngr.
1230	1	17	1277	—	1	1323	—	2	1369	—	3
1231	—	7	1278	—	12	1324	—	5	1370	—	3
1232	—	7	1279	—	12	1325	—	2	1371	—	3
1233	1	4	1280	2	29	1326	—	3	1372	—	1
1234	1	1	1281	—	1	1327	—	2	1373	—	6
1235	—	—	1282	—	5	1328	—	12	1374	—	2
1236	1	20	1283	—	2	1229	—	1	1375	—	3
1237	2	—	1284	—	3	1330	—	2	1376	—	3
1238	—	29	1285	—	5	1331	—	2	1377	—	1
1239	—	3	1286	—	2	1332	—	1	1378	—	2
1240	—	—	1287	—	17	1333	—	2	1379	—	1
1241	—	1	1288	—	3	1334	—	1	1380	—	3
1242	—	4	1289	—	4	1335	—	1	1381	—	2
1243	—	8	1290	—	17	1336	—	4	1382	—	1
1244	—	5	1291	—	12	1337	—	5	1383	—	1
1245	—	8	1292	—	3	1338	—	10	1384	—	2
1246	—	10	1293	—	3	1339	—	1	1385	—	2
1247	—	2	1294	1	1	1340	—	2	1386	—	2
1248	—	1	1295	—	2	1341	—	5	1387	—	1
1249	—	1	1296	—	12	1342	—	6	1388	—	2
1250	—	27	1297	—	2	1343	—	1	1389	—	1
1251	—	7	1298	—	2	1344	—	5	1390	—	9
1252	—	4	1299	—	10	1345	—	4	1391	—	3
1253	—	2	1300	—	3	1346	—	6	1392	—	10
1254	—	3	1301	—	3	1347	—	7	1393	—	2
1255	—	4	1302	—	2	1348	—	7	1394	—	4
1256	—	9	1303	—	—	1349	—	1	1395	—	7
1257	—	5	1304	—	3	1350	—	4	1396	—	2
1258	—	3	1305	—	7	1351	—	3	1397	—	4
1259	—	4	1306	—	3	1352	—	10	1398	—	4
1260	—	1	1307	—	1	1353	—	5	1399		
1261	—	3	1308	—	2	1354	—	3	1400	—	10
1262	—	10	1309	—	15	1355	—	2	1401		
1264	—	4	1310	—	1	1356	—	10	1402		
1265	—	16	1311	—	2	1357	—	5	1403	—	4
1266	—	1	1312	—	2	1358	—	8	1404	—	1
1267	—	10	1313	—	6	1359	—	4	1405	—	1
1268	—	1	1314	—	3	1360	—	5	1406	—	10
1269	—	3	1315	—	1	1361	—	2	1407	—	7
1270	—	10	1316	—	6	1362	—	2	1408	—	2
1271	—	3	1317	—	4	1363	—	1	1409	1	2
1272	—	7	1318	—	5	1364	—	2	1410	—	1
1273	—	3	1319	—	1	1365	—	1	1411	—	7
1274	—	6	1320	—	8	1366	—	1	1412	—	1
1275	—	15	1321	—	1	1367	—	2	1413	—	4
1276	—	20	1322	—	16	1368	—	1	1414	—	6

Nummer	℞	Ngr	Nummer	℞	Ngr	Nummer	℞	Ngr	Numm(
1415	—	2	1461	—	4	1507	—	2	1553
1419	—	2	1462	—	3	1508	—	3	1554
1417	—	3	1463	—	2	1509	—	6	1555
1418	—	2	1464	—	2	1510	—	5	1556
1419	—	2	1465	—	1	1511	—	10	1557
1420	—	3	1466	—	2	1512	—	4	1558
1421	—	8	1467	—	5	1513	—	3	1559
1422	—	4	1468	—	5	1514	—	5	1560
1423	—	2	1469	—	4	1515	—	5	1561
1424	—	2	1470	—	20	1516	—	8	1562
1425	—	2	1471	—	6	1517	—	4	1563
1426	—	2	1472	—	3	1518	—	9	1564
1427	—	2	1473	—	9	1519	—	2	1565
1428	—	2	1474	—	8	1520	—	2	1566
1429	—	1	1475	—	6	1521	—	5	1567
1430	—	5	1476	—	2	1522	—	2	1568
1431	—	3	1477	—	2	1523	—	5	1569
1432	—	3	1478	—	2	1524	—	3	1570
1433	—	2	1479	—	7	1525	—	3	1571
1434	—	5	1480	—	6	1526	—	4	1572
1435	—	6	1481	—	3	1527	—	3	1573
1436	—	4	1482	—	1	1528	—	4	1574
1437	—	2	1483	—	2	1529	—	7	1575
1438	—	3	1484	—	3	1530	1	15	1576
1439	—	10	1485	—	7	1531	—	6	1577
1440	—	3	1486	—	2	1532	—	10	1578
1441	—	1	1487	—	5	1533	—	2	1579
1442	—	2	1488	—	5	1534	1	1	1580
1443	—	2	1489	—	3	1535	—	5	1581
1444	—	2	1490	—	2	1536	—	9	1582
1445	—	2	1491	—	15	1537	—	3	1583
1446	—	2	1492	—	11	1538	—	2	1584
1447	—	1	1493	—	7	1539	—	3	1585
1448	—	3	1494		2	1540	—	5	1586
1449		4	1495		3	1541	—	8	1587
1450	—	7	1496	-	1	1542	—	2	1588
1451	—	2	1497		2	1543	—	2	1589
1452		4	1498	—	3	1544	—	3	1590
1453		2	1499		3	1545	—	7	1591
1454		1	1500		2	1546	—	1	1592
1455	-	3	1501	—	2	1547	—	10	1593
1456		2	1502	—	2	1548	—	3	1594
1457		1	1503	—	4	1549	—	2	1595
1458		4	1504	—	8	1550	—	3	1596
1459		3	1505	—	10	1551	—	2	1597
1460	—	4	1506	—	2	1552	—	2	1598

mmer	Rk	Ngr	Nummer	Rk	Ngr	Nummer	Rk	Ngr	Nummer	Rk	Ngr
599	—	4	1646	—	20	1692	—	2	1738} 1739}	—	1
600	—	3	1647	—	5	1693	—	2			
601	—	2	1648	1	6	1694	1	4	1740} 1741}	—	10
602	—	2	1649	—	22	1695	—	15			
603	—	2	1650	—	22	1696	—	8	1742	—	8
604	—	2	1651	—	22	1697	—	15	1743	—	10
605	—	4	1652	1	15	1698	—	15	1744	—	3
606	—	4	1653	—	1	1699	—	12	1745	—	3
607	—	16	1654	—	12	1700	—	8	1746	2	22
609	—	10	1655	—	20	1701	—	5	1747	—	17
610	—	11	1656	—	10	1702	—	6	1748	—	16
611	—	9	1657	—	10	1703	—	7	1749	—	18
612	—	3	1658	—	15	1704	—	1	1750	—	2
613	—	2	1659	1	10	1705	—	2	1751	2	5
614	—	2	1660	—	1	1706	—	4	1752	—	5
615	1	2	1661	—	25	1707	—	2	1753	—	4
616	—	2	1662	—	15	1708	—	4	1754	—	18
617	—	3	1663	—	15	1709	—	4	1755	—	3
618	—	2	1664	—	26	1710	—	13	1756	—	12
619	—	5	1665	—	28	1711	—	15	1757	—	2
620	—	2	1666	—	26	1712	—	2	1758	—	13
621	—	2	1667	—	26	1713	—	2	1759	—	8
622	—	12	1668	—	—	1714	—	2	1760	—	6
623	—	6	1669	—	18	1715	—	4	1761	—	5
624	—	14	1670	—	14	1716	—	5	1762	1	1
625	—	5	1671	1	16	1717	—	2	1763	1	8
626	—	12	1672} 1673}	—	2	1718	—	1	1764	—	20
627	—	2				1719	—	1	1765	1	4
628	—	6	1674}	—	4	1720	—	2	1766	1	4
629	—	6	1675	—	2	1721	—	1	1767	1	12
630	—	4	1676	—	5	1722	—	2	1768	—	3
631	—	3	1677	—	2	1723	—	2	1769	—	4
632	—	6	1678	—	5	1724	—	1	1770	1	8
633	—	6	1679	—	2	1725	—	3	1771	—	4
634	—	3	1680	—	6	1726	—	2	1772	—	5
635	—	7	1681	—	2	1727	—	2	1773	—	2
636	—	2	1682	—	6	1728	—	1	1774	—	3
637	—	5	1683	—	5	1729	—	2	1775	—	2
638	—	5	1684	—	2	1730	—	4	1776	—	6
639	—	2	1685	—	2	1731	—	5	1777	—	2
640	—	8	1686	—	2	1732	—	16	1778	—	10
641	2	—	1687	—	—	1733	—	2	1779	—	6
642	—	9	1688	—	4	1734	—	6	1780	1	—
643	2	8	1689	—	2	1735	—	2	1781	—	10
644	2	12	1690	—	2	1736	—	2	1782	—	10
645	1	—	1691	—	2	1737	—	2	1783	—	10

Nummer	Rₜ	Ngr	Nummer	Rₜ	Ngr	Nummer	Rₜ	Ngr	Nummer	Rₜ
1784	—	6	1830	—	4	1876	—	2	1922	—
1785	—	16	1831	—	5	1877	—	20	1923	—
1786	—	6	1832	—	14	1878	—	29	1924	—
1787	—	9	1833	—	6	1879	—	9	1925	—
1788	—	7	1834	—	14	1880	—	6	1926	—
1789	—	5	1835	—	12	1881	—	11	1927	—
1790	1	10	1836	—	5	1882	—	6	1928	1
1791	—	1	1837	—	6	1883	—	4	1929	—
1792	—	10	1838	—	6	1884	—	6	1930	—
1793	—	29	1839	—	14	1885	—	4	1931	—
1794	2	21	1840	—	16	1886	—	5	1932	—
1795	—	26	1841	—	10	1887	—	6	1933	1
1796	—	6	1842	—	9	1888	1	—	1934	—
1797	—	4	1843	—	2	1889	—	10	1935	—
1798	—	2	1844	—	4	1890	1	—	1936	1
1799	2	12	1845	—	18	1891	—	20	1937	1
1800	1	—	1846	—	4	1892	—	4	1938	—
1801	—	—	1847	—	6	1893	—	2	1939	—
1802	—	8	1848	—	12	1894	1	10	1940	—
1803	3	—	1849	—	24	1895	—	10	1941	—
1804	3	20	1850	—	18	1896	—	6	1942	—
1805	—	5	1851	—	26	1897	—	16	1943	—
1806	9	1	1852	—	25	1898	—	6	1944	—
1807	·	6	1853	—	12	1899	—	15	1945	—
1808	—	13	1854	—	6	1900	—	16	1946	—
1809	—	27	1855	—	6	1901	—	27	1947	—
1810	—	5	1856	—	18	1902	—	6	1948	—
1811	—	5	1857		10	1903	—	16	1949	—
1812	—	5	1858		8	1904	—	4	1950	—
1813	—	4	1859	—	13	1905	—	15	1951	—
1814	—	4	1860	—	5	1906	2	10	1952	1
1815	—	24	1861	—	6	1907	—	4	1953	—
1816	·	20	1862		8	1908	—	13	1954	—
1817	—	15	1863	—	11	1909	—	4	1955	—
1818	—	2	1864		5	1910	—	12	1956	—
1819	·	7	1865	—	6	1911	—	5	1957	
1820		20	1866		6	1912	—	10	1958	
1821		6	1867	—	9	1913	—	14	1959	
1822		5	1868	1	15	1914	—	4	1960	
1823	—	5	1869	—	2	1915	—	25	1961	
1824	—	8	1870	—	20	1916	—	20	1962	
1825		8	1871	—	22	1917	—	8	1963	—
1826	·	14	1872		10	1918	—	8	1964	—
1827	1	5	1873		13	1919	—	12	1965	—
1828	1	—	1874	—	5	1920	—	3	1966	—
1829	—	6	1875	1	13	1921	—	5	1967	—

nmmer	ℛ	Nᵍʳ	Nummer	ℛ	Nᵍʳ	Nummer	ℛ	Nᵍʳ	Nummer	ℛ	Nᵍʳ
968		10	2014	—	15	2060	3	5	2106	—	13
969	—	18	2015	—	6	2061	—	21	2107	—	13
970	—	6	2016	—	2	2062	1	—	2108	—	9
971	—	4	2017	—	4	2063	—	7	2109	—	9
972	—	4	2018	—	17	2064	—	2	2110	—	12
973	—	15	2019	—	—	2065	—	5	2111	—	10
974	—	20	2020	—	3	2066	—	—	2112	—	8
975	1	1	2021	—	—	2067	—	10	2113	—	14
976	2	5	2022	—	1	2068	—	1	2114	—	24
977	3	—	2023	—	2	2069	—	13	2115	—	7
978	—	5	2024	—	18	2070	—	4	2116	—	10
979	—	6	2025	—	3	2071	—	2	2117	—	13
980	—	6	2026	—	—	2072	2	8	2118	—	13
981	—	14	2027	—	8	2073	3	4	2119	—	12
982	—	26	2028	—	2	2074	—	12	2120	—	16
983	1	9	2029	—	1	2075	—	15	2121	—	8
984	1	6	2030	—	3	2076	—	—	2122	—	8
985	—	12	2031	—	10	2077	—	18	2123	—	16
986	—	4	2032	—	1	2078	1	15	2124	—	7
987	—	9	2033	—	1	2079	1	15	2125	—	15
988	—	8	2034	—	5	2080	—	—	2126	—	15
989	—	13	2035	—	1	2081	—	20	2127	—	10
990	—	15	2036	—	—	2082	—	1	2128	—	17
991	—	5	2037	—	12	2083	—	19	2129	—	20
992	—	6	2038	—	4	2084	1	3	2130	—	9
993	—	6	2039	—	1	2085	—	—	2131	—	11
994	—	3	2040	—	10	2086	—	3	2132	—	8
995	—	20	2041	—	—	2087	—	15	2133	—	9
996	—	6	2042	—	1	2088	—	1	2134	—	6
997	—	5	2043	—	—	2089	—	1	2135	—	13
998	—	6	2044	1	—	2090	—	11	2136	—	9
999	—	16	2045	—	5	2091	—	—	2137	—	12
000	—	10	2046	—	4	2092	—	1	2138	—	8
001	—	4	2047	—	5	2093	—	1	2139	—	12
002	—	2	2048	—	1	2094	—	4	2140	—	8
003	1	10	2049	—	5	2095	—	7	2141	—	12
004	—	4	2050	—	9	2096	—	8	2142	—	10
005	—	4	2051	—	6	2097	—	2	2143	—	10
006	—	8	2052	—	6	2098	—	1	2144	—	8
007	—	6	2053	—	14	2099	—	11	2145	—	7
008	—	—	2054	—	—	2100	—	10	2146	43	—
009	—	16	2055	—	3	2101	—	2	2147	7	20
010	—	20	2056	—	17	2102	—	3	2148	5	23
011	—	—	2057	—	16	2103	—	27	2149	2	1
012	—	9	2058	—	—	2104	—	25	2150	1	15
013	—	10	2059	—	6	2105	—	20	2151	1	2

Nummer	R.	Ngr.	Nummer	R.	Ngr.	Nummer	R.	Ngr.	Nummer	R.	Ngr.
2152	—	21	2190	—	2	2228	—	10	2265	—	1
2153	1	—	2191	3	7	2229	1	—	2266	—	—
2154	3	14	2192	—	1	2230	1	29	2267	—	1
2155	2	5	2193	—	20	2231	—	3	2268	—	2
2156	—	4	2194	2	1	2232	2	—	2269	—	12
2157	—	22	2195	—	1	2233	6	19	2270	—	8
2158	—	2	2196	—	1	2234	2	11	2271	—	—
2159	4	5	2197	—	1	2235	1	5	2272	—	6
2160	9	10	2198	—	1	2236	5	10	2273	—	27
2161	1	11	2199	—	4	2237	—	16	2274	3	16
2162	1	4	2200	—	2	2238	—	6	2275	—	2
2163	—	20	2201	—	1	2239	—	1	2276	—	3
2164	—	7	2202	—	—	2240	—	1	2277	2	2
2165	1	10	2203	—	11	2241	—	—	2278	—	10
2166	2	15	2204	—	11	2242	—	2	2279	—	—
2167	1	10	2205	1	9	2243	—	1	2280	—	1
2168	—	10	2206	—	10	2244	—	20	2281}		
2169	—	6	2207	—	1	2245	—	1	2282}	12	
2170	—	5	2208	—	5	2246	3	28	2283	—	6
2171	—	16	2209	—	11	2246a	—	22	2284	—	6
2172	—	21	2210	—	21	2247	—	12	2285	—	1
2173	—	18	2211	—	4	2248	—	18	2286	—	1
2174	—	15	2212	—	4	2249	—	4	2287	—	—
2175	—	2	2213	—	1	2250	—	15	2288	—	2
2176	—	12	2214	—	1	2251	—	—	2289	—	1
2177	—	10	2215	1	20	2252	—	2	2290	8	—
2178	1	—	2216	—	—	2253	—	6	2291	2	5
2179	—	11	2217	—	8	2254	—	5	2292	4	17
2180	—	22	2218	—	24	2255	—	—	2293	—	1
2181	—	3	2219	—	15	2256	—	4	2294	5	
2182	—	8	2220	—	2	2257	—	—	2295	1	11
2183	—	9	2221	—	1	2258	—	2	2296	5	5
2184	2	—	2222	—	11	2259	—	—	2297		11
2185	1	1	2223	1		2260	—	12	2298		1
2186	—	20	2224	—	2	2261	—	15	2299		1
2187	-	5	2225	—	14	2262	—	—	2300		9
2188	16	1	2226	1		2263			2301		17
2189	—	22	2227	—	14	2264	—	5			